中國增值稅
擴圍改革效應研究

胡 春・著

崧燁文化

序

增值稅是為取代營業稅而誕生的。自中國1984年利改稅第二步改革正式推出增值稅以來，囿於經濟體制改革的特殊環境和改革進程安排，增值稅與營業稅並存局面保持了近30年。筆者在20年前提出過增值稅轉型並逐步取消營業稅的主張①，但招致了不少人的異議。然而，稅收制度發展的內在規律性以及增值稅與營業稅的特殊關係決定了中國稅制必須經歷營業稅改增值稅的過程。

2012年1月1日上海市率先在交通運輸業和部分現代服務業試點「營改增」——擴圍改革，開啓了取消營業稅的改革之旅。隨後，試點地區和行業範圍逐步擴大。2016年5月1日中央決定全面推行「營改增」改革——增值稅全面取代營業稅。四年多來，經過科學的頂層設計、精心的實施準備、由點到面的穩步推進、從中央各部委到地方各級財稅部門的全力支持以及廣大納稅人的積極配合，這項改革得以迅速、穩妥落地。根據財政部和國家稅務總局2016年年底發布的數據，「營改增」改革預期目標得以順利實現。

當前，中國正處於「增長速度換擋期、結構調整陣痛期、前期刺激政策消化期」三期疊加階段。「營改增」改革被視為穩

---

① 參見：葉子榮. 稅收分配與稅制結構研究 [M]. 成都：西南財經大學出版社，1997：254.

增長、調結構、促發展、激發市場主體活力的重要措施，因此人們給予其更多期待。因此，「營改增」在推動財稅體制改革之外，還有著更廣闊的意義：以減稅的「放水養魚」效應，推動經濟轉型升級；作為深化財稅改革的重頭戲，具有謀一域促全局的功效；是推進供給側結構性改革的重要舉措。

「營改增」在覆蓋範圍層面上的改革已經圓滿結束，但鑒於全覆蓋的增值稅制度在中國諸多行業均為首次運行，加之，到目前為止，一些新行業對增值稅的適應度尚存在程度不同的差異，甚至還處於「過渡期」，比如，在不同行業實行不同增值稅稅率制就是應對這種情況的暫時措施。因此，作為「營改增」改革的實踐主導者的國家稅務總局，在改革的不同階段分別提出了「開好票」「報好稅」「分析好」的要求。就「開好票」「報好稅」而言，目前已經完成了階段性任務，稅務機關和廣大納稅人基本上適應了增值稅新環境。而「分析好」則是「營改增」的制度運行及其進一步完善所必需的思想和理論準備。在變幻莫測的國際國內環境中，中國增值稅的現代化建設將是一場持久戰。「分析好」需要稅收理論研究者與實際工作者依據現代增值稅的內在要求，結合中國增值稅的建設發展進程，適時提出有針對性的改革建議。這不僅會挑戰我們的智慧，還將持續地考驗我們耐力和意志。作為「營改增」改革初期研究成果的《中國增值稅擴圍改革效應研究》一書，其來源於中國「營改增」改革實踐的理論和經驗的總結將會對「分析好」有較好的幫助。

《中國增值稅擴圍改革效應研究》以增值稅取代營業稅這一歷史過程為考察對象，在簡要地回顧中國增值稅試點、初步規範實施、轉型和擴圍改革及「營改增」全過程的同時，對不同歷史時期增值稅的運行情況及存在的問題和改革內容做了剖析，同時參考增值稅的先行國家「現代型增值稅」的實踐，深刻揭示了中國「營改增」的必要性，充分論證了中國「營改增」改革時點選擇的科學性。

作者在大量文獻閱讀的基礎上，運用經濟學和稅收學理論，細緻深入地剖析了增值稅和營業稅在財政收入、企業稅負以及對企業生產經營結構影響等方面的差異。這不僅展露了中國增值稅改革發展過程的一路艱險，也漸次明晰了中國增值稅改革發展應遵循的原則。作者還源於改革實踐和依據自己的工作體驗，對具體操作中的財政收入分配、擴圍行業選擇、稅率設計等問題的處理，進行了科學總結。這是保障中國增值稅穩健運行不可多得的理論財富。

多年來，關於營業稅與增值稅並行及其對增值稅和中國經濟發展影響分析的文獻俯拾即是，但用數據說話的論述則不多見。《中國增值稅擴圍改革效應研究》以「營改增」改革的經濟效應為核心，運用現代數理分析工具，系統地分析了營業稅改徵增值稅前後各試點行業的稅負變化，以及營業稅、增值稅及增值稅擴圍三者各自對財政收入與經濟增長的影響。

一方面，《中國增值稅擴圍改革效應研究》從微觀層面分析了「營改增」改革對中國籌集財政資金、行業稅負以及促進中國經濟增長方面的影響。本書依據上海「營改增」改革方案，運用投入產出法對上海方案推廣到全國後對行業稅負和財政收入的影響進行測算。測算結果表明：一是改革後各行業的稅負變化有增有減，但總體以稅負下降為主。其中工業稅負的下降幅度主要集中在1%~2%，服務行業的稅負變化幅度主要集中在-3%~3%。二是擴圍在整體上將導致財政收入減少，其中擴圍行業財政收入減收約910億元。三是整體財政效應和行業減稅效應將對中國經濟增長產生顯著的正向影響。

另一方面，《中國增值稅擴圍改革效應研究》一書還通過構建增值稅、營業稅與經濟增長的關係模型，選取內地除西藏之外的30個省級行政區、時間跨度為2001年到2011年共11年的稅收和經濟增長數據，從宏觀層面對中國增值稅和營業稅的經濟增長影響進行了定量分析。研究結果表明：擴圍前營業稅和增值稅共

同對經濟增長的影響只有33.67%。其中，增值稅的影響程度僅為16.51%。「營改增」改革後增值稅的影響程度為44.11%，表明「營改增」改革對中國的經濟增長呈顯著的正相關關係。

《中國增值稅擴圍改革效應研究》一書將「營改增」改革效應歸結為稅制完善效應、減稅減負效應、經濟優化效應、改革促發展效應四大方面。就稅制完善效應而言，實現增值稅「一稅貫通」，不僅消除了稅制扭曲，更充分地體現了稅收中性思想，而且消除了對勞務的稅收歧視，有利於公平競爭；就減稅減負效應而言，增值稅擴圍不僅減收規模巨大，而且行業稅負降低效果明顯，對促進就業、經濟增長具有顯著的刺激效應；就經濟優化效應而言，「營改增」改革就進一步催生新技術、新產業、新業態、新模式，為改造提升傳統動能、培育壯大新動能注入強勁動力，不僅有利於深化專業分工、優化產業結構、助力「雙創」，還有利於增進貿易出口；就改革促發展效應來看，在供給側結構性改革的背景下，「營改增」改革為市場在資源配置中起決定性作用提供了更有利的稅制環境。此外，20餘年來具有「過渡性」的現行財政體制明顯出現了運行困難，「營改增」改革倒逼分稅制改革已經初現端倪。

「營改增」改革初步印證了「財政是國家治理的基礎和重要支柱」這一科學論斷。「一稅貫通」僅僅是增值稅走向現代化的第一步，其後諸如簡並稅率、降低佔比以促進「直接稅與間接稅的平衡」、依託「金三」工程建設實現徵收管理現代化等的改革，還有艱辛而漫長的路要走。要把握好財稅改革的政策取向，為經濟增長、社會發展提供財稅助力。期待本書作者有新的成果面世。

葉子榮

摘　要

　　自1954年法國成功引入增值稅之後，增值稅以獨特的中性魅力迅速風靡全球，至今已被150多個國家和地區引進。增值稅在中國經歷了一個不斷發展和完善的過程，20多年來一直是中國的主體稅種。但由於歷史原因，目前中國增值稅的徵收範圍仍然過窄，不能做到「一稅貫通」，極大地影響了其中性優勢的發揮。逐步擴大徵收範圍一直是中國增值稅改革的目標之一。隨著中國經濟結構的優化和實施結構性減稅的需要，中央於2012年1月1日在上海開始了增值稅擴圍改革試點工作，將重複徵稅比較嚴重的交通運輸業和部分現代服務業納入增值稅的徵稅範圍。一年多來，試點工作進展順利，取得了積極效果，使大部分企業實現了減稅效應，受到了眾多企業的歡迎。

　　在此基礎上，中央決定從2013年8月1日起在全國推行增值稅擴圍改革。本書主要探討上海方案是否可以推廣到全國，以及上海方案推廣到全國後需要解決的問題，並依據上海增值稅擴圍改革方案測算全國施行增值稅擴圍改革後對國家財政收入、行業稅負、經濟增長的影響，通過測算來反應增值稅擴圍改革是否有利於結構性減稅目標的實現以及促進現代服務業的發展和中國產業結構的優化升級。為此，本書展開了如下研究：

　　簡要地回顧中國增值稅試點、全面實施和轉型過程，並對

不同歷史時期增值稅的運行情況及存在的問題和改革內容做了剖析，同時參考增值稅的先行國家「現代型增值稅」的實踐，論證了中國增值稅擴圍改革的必要性和可行性。

根據經濟學和稅收學理論以及增值稅、營業稅制度設置，從理論上揭示了增值稅和營業稅在財政收入、企業稅負以及對企業生產經營結構的影響等方面的差異；分析了營業稅與增值稅並行對增值稅的負面影響；探討了增值稅擴圍改革對中國籌集財政資金、行業稅負以及促進中國經濟增長方面的影響。

依據上海增值稅擴圍改革方案，運用投入產出法對上海方案推廣到全國後對行業稅負和財政收入的影響進行測算。測算結果表明：一是擴圍改革後各行業的稅負變化有增有減，但以稅負下降為主，其中工業稅負的下降幅度主要集中在1%~2%區間，服務行業稅負變化幅度主要集中在-3%~3%區間；二是擴圍在整體上將導致財政收入減少，其中擴圍行業財政收入減收約910億元；三是整體財政效應和行業減稅效應將對中國經濟增長產生顯著的正向影響。

選取內地除西藏之外的30個省級行政區的時間跨度從2001年到2011年的數據，通過構建增值稅、營業稅與經濟增長的關係模型，使用中國近11年稅收和經濟增長的面板數據研究了增值稅和營業稅以及增值稅擴圍對中國經濟增長的影響。結果發現，增值稅的影響程度從擴圍前的16.51%增加至擴圍後的44.11%，而擴圍前營業稅和增值稅對經濟增長的共同影響只有33.67%，表明增值稅擴圍對中國的經濟增長起到了顯著的正向影響關係。

本書根據上述研究結果和增值稅擴圍改革將面臨的難點，總結了中國增值稅擴圍改革應遵循的原則，並對財政收入分配、擴圍行業選擇、稅率設計等方面提出了實際操作具體建議。

Abstract

Since France has introduced value-added tax (VAT) in 1954, the VAT, which has been used by more than 150 countries and regions so and swept the globe with the charm of neutrality quickly. VAT, a major tax in China for the past 20 years, has experienced the process of continuous development and improvement. However, due to historical reasons, the taxation scope of China's VAT is so narrow that it greatly affects the play of its advantage. The objective of China's VAT reform has been gradually expanding the taxation scope of VAT. With the optimization of China's economic structure and needs of implementing structural tax cuts, the central government has decided that the country will start replacing its turnover tax with VAT in the transport sector and some service sectors in Shanghai starting from Jan 1. More than a year, the reform pilot has gone smoothly and achieved positive results, and most of the businesses enjoys tax cuts and welcome the reform.

Based on this, the central government decided to spread the reform to the whole country from Aug 1. This paper mainly discusses whether the Shanghai program can be extended to the whole country, the problems to be solved after Shanghai program extend to the country, and the effect on fiscal revenue, industry tax burden, economic growth after the nationwide implementation of VAT expansion on the basis of Shanghai VAT reform program. The paper also analyses whether the reform is conducive to the goals of structural tax reduction and the promotion of the development of modern service industry and the optimization and upgrading of industrial structure in China. To this end, the paper launches a study as follows:

A brief review of the pilot reform, the full implementation and transition process, the throughout analysis of the operation and the problems and reform content in different historical periods, and the demonstration of the necessity and feasibility of VAT expansion reform with reference to the practice of Modern type VAT in some countries.

Theoretical reveal of the difference of VAT and business tax on fiscal revenue, corporate tax burden, as well as the structural impact on enterprise production and management on basis of economic and tax theory, as well as system settings of value-added tax and business tax; exploration of the impact on raising financial capital, industry tax burden as well as promoting economic growth after VAT expansion in China.

Estimation of the nationwide impact on the industry tax burden and fiscal revenue based on the Shanghai VAT expansion reform program by the use of input-output method. It turns out that: Firstly, the industry tax burden varies, but mainly falls industrial tax burden decrease about 1% -2%, the service tax burden changes between -3% -3%; Secondly, fiscal revenue will decrease, of which in pilot industry by about 910 billion yuan; Thirdly, overall financial effect and industry tax relief will have a significant positive impact on China's economic growth.

Selection of 30 provincial-level administrative region except Tibet of Mainland China from 2001 to 2011. By constructing the relational model of the value-added tax, business tax and economic growth, study of the impact of VAT and business tax and VAT expansion reform on China's economic growth by use of China's nearly 11 years of tax and economic growth panel data. It was found that the degree of the impact of the VAT increases from 16.51% to 44.11%, while the impact of VAT and business tax before pilot reform stands 33.67%, indicating that the VAT expansion reform has played a significant positive role on China's economic growth.

According to the results of the study and the difficulties faced by VAT expansion reform, the paper summarizes the principles of VAT expansion reform, and puts forward specific suggestion on the distribution of revenues selection of expansion industry, rate design and other aspects.

目　錄

1　緒論 / 1

1.1　研究背景與意義 / 1

1.2　文獻綜述 / 3

　　1.2.1　營業稅改徵增值稅研究綜述 / 3

　　1.2.2　增值稅擴圍改革效應研究綜述 / 7

　　1.2.3　增值稅改革方案建議研究綜述 / 11

　　1.2.4　不同行業增值稅擴圍改革研究綜述 / 17

1.3　研究內容 / 22

1.4　研究方法與技術路線 / 23

　　1.4.1　研究方法 / 23

　　1.4.2　技術路線 / 24

1.5　研究的創新性 / 25

2　中國增值稅的改革歷程及國際比較 / 26

2.1　增值稅試行階段：改革工商稅（1980—1993年）/ 27

2.2 增值稅全面推行階段：現行增值稅（1994—2008年）／ 30

 2.2.1 背景與概況／ 30

 2.2.2 現行增值稅的特點／ 33

 2.2.3 現行增值稅存在的問題／ 34

2.3 增值稅規範化改革階段：「轉型擴圍」（2009年至今）／ 37

 2.3.1 背景與概況／ 37

 2.3.2 擴圍改革的必要性／ 39

 2.3.3 擴圍改革的可行性／ 41

 2.3.4 擴圍改革的探索：上海增值稅擴圍試點及後續改革／ 42

 2.3.5 上海擴圍改革方案評析／ 43

2.4 增值稅制度的國際比較／ 47

 2.4.1 課徵對象和徵收範圍／ 47

 2.4.2 納稅義務人／ 48

 2.4.3 應納稅額和抵扣制度／ 50

 2.4.4 稅率／ 51

 2.4.5 稅收優惠制度／ 52

 2.4.6 出口退稅制度／ 55

2.5 增值稅徵管制度的國際比較／ 56

2.5.1　納稅義務發生時間比較 / 56

　　2.5.2　納稅期限比較 / 57

2.6　增值稅反避稅規則的國際比較 / 58

2.7　國際增值稅實踐對中國增值稅改革的啟示 / 59

3　增值稅擴圍改革經濟分析 / 62

3.1　營業稅經濟效應分析 / 62

　　3.1.1　營業稅概述 / 62

　　3.1.2　營業稅對籌集財政收入的影響分析 / 63

　　3.1.3　營業稅對企業稅負的影響分析 / 63

　　3.1.4　營業稅對經濟增長的影響分析 / 64

　　3.1.5　現行營業稅與增值稅的衝突 / 65

3.2　增值稅擴圍改革效應分析 / 72

　　3.2.1　增值稅概述 / 72

　　3.2.2　增值稅對籌集財政收入的影響分析 / 73

　　3.2.3　增值稅對企業稅負的影響分析 / 74

　　3.2.4　增值稅對經濟增長的影響分析 / 74

3.3　增值稅擴圍改革符合結構性減稅要求 / 78

　　3.3.1　結構性減稅的內涵 / 78

　　3.3.2　中國實施結構性減稅的必要性 / 79

3.3.3　增值稅擴圍改革能夠實現結構性減稅的理論
　　　　　　依據 / 80

3.4　增值稅擴圍改革符合產業結構優化升級要求 / 81

　　　3.4.1　產業結構的內涵 / 81

　　　3.4.2　發展現代服務業與產業結構優化升級 / 82

　　　3.4.3　增值稅擴圍改革與產業結構優化升級 / 83

4　增值稅擴圍改革對行業稅負和財政收入影響的模擬測算 / 86

4.1　上海增值稅擴圍方案試點擴大 / 87

　　　4.1.1　行業範圍的選取 / 87

　　　4.1.2　數據來源與調整 / 88

　　　4.1.3　模擬測算方法 / 88

4.2　基於上海方案增值稅擴圍改革對行業稅負影響的模擬
　　　估算 / 89

　　　4.2.1　行業稅負的測算方法 / 89

　　　4.2.2　增值稅擴圍改革對行業稅負影響的模擬估算
　　　　　　結果 / 93

　　　4.2.3　判斷與結論 / 97

4.3　基於上海方案增值稅擴圍改革對財政收入影響的模擬
　　　估算 / 99

4.3.1　財政收入的測算方法 / 99

　　4.3.2　增值稅擴圍改革對財政收入影響的模擬估算結果 / 102

　　4.3.3　判斷與結論 / 103

5　增值稅擴圍改革對經濟增長影響的實證研究 / 106

5.1　相關研究 / 106

5.2　模型與數據 / 107

　　5.2.1　計量模型設計 / 107

　　5.2.2　樣本選擇 / 109

　　5.2.3　研究變量 / 109

　　5.2.4　研究方法 / 110

5.3　研究的實證結果及分析 / 112

　　5.3.1　單位根檢驗和協整分析 / 112

　　5.3.2　迴歸分析研究 / 114

5.4　判斷與結論 / 118

6　中國增值稅擴圍改革的難題及建議 / 120

6.1　中國增值稅擴圍改革面臨的難題 / 120

　　6.1.1　稅收收入分配與財政管理體制 / 121

　　6.1.2　擴圍行業選擇 / 122

6.1.3　稅率確定 / 123

　　6.1.4　其他 / 124

6.2　增值稅擴圍改革應遵循的原則 / 125

　　6.2.1　兼顧地方財政收入穩定性增長 / 125

　　6.2.2　符合結構性減稅與產業結構調整要求 / 126

　　6.2.3　與整體稅制完善相結合 / 126

6.3　關於增值稅擴圍改革的建議 / 128

　　6.3.1　關於財政管理體制 / 128

　　6.3.2　關於擴圍順序 / 131

　　6.3.3　關於稅率設計 / 132

　　6.3.4　其他 / 134

結論 / 137

參考文獻 / 139

致謝 / 152

攻讀博士學位期間公開發表的論文 / 154

1 緒論

1.1 研究背景與意義

自 1954 年法國成功推出增值稅以來，增值稅就以其獨特的優勢成為各國稅制體系中的重要稅種而風靡全球。目前世界上已經有 150 多個國家和地區相繼開徵此稅，其發展速度之快在稅收史上絕無僅有。由於不同國家在不同時期有不同的增值稅模式選擇，即「生產型增值稅」「收入型增值稅」「消費型增值稅」，因此，在增值稅的實際運行中，存在多種增值稅類型和徵收管理模式。

中國增值稅改革經歷了試行階段、全面推行階段和規範化改革階段。

試行階段（1980—1993 年）：1980 年財政部在上海、長沙、柳州、襄樊等地進行增值稅試點，1983 年財政部出抬《增值稅暫行辦法》，1984 年國務院頒布增值稅條例（草案），決定在機器機械和化工兩個行業 12 種產品中實行增值稅。

全面推行階段（1994—2008 年）：1993 年國務院頒布增值稅暫行條例，決定從 1994 年 1 月 1 日起，在生產、流通領域普遍實行增值稅，自此，增值稅開始成為中國稅收體系中的主體

稅種。

規範化改革階段（2009年至今）：從1980年到2008年，中國一直實行生產型增值稅。在從2004年7月開始在東北地區、從2007年7月開始在中部六省的26個老工業城市和從2008年7月開始在內蒙古、汶川地震重災區實施增值稅轉型試點的基礎上，2008年11月5日，國務院出抬《中華人民共和國增值稅暫行條例（修訂草案）》，決定從2009年1月1日起，在全國範圍內進行由消費型增值稅轉型為生產型增值稅的改革，並於當年完成轉型改革。2012年1月1日，上海市開展增值稅擴圍試點，拉開了增值稅擴圍改革的大幕。2012年8月1日起，試點由上海市分批擴大至北京、江蘇等10個省市。同年國務院決定從2013年8月1日起將試點行業在全國範圍內推開。增值稅擴圍改革步伐越來越快。

增值稅擴圍改革是中國理論界和實務界面臨的重點研究課題。自1994年以來，增值稅一直是中國的主體稅種，擴圍後，增值稅的地位和作用將更加顯著：對建設優秀的主體稅種具有重大的財政意義；主體稅種對於整個稅制具有決定性的意義和作用；主體稅種對於經濟運行的影響極其巨大；主體稅種關係到政府形象乃至社會情緒。因此，增值稅擴圍改革對稅收體制以及經濟運行都具有至關重要的作用。

增值稅擴圍改革面臨較多不確定性問題，如增值稅擴圍改革後對企業稅負將產生怎樣影響、國家財政收入將產生怎樣變化、增值稅擴圍改革會對經濟增長以及產業結構調整起到怎樣的作用。同時增值稅擴圍改革難度較大，面臨行業先後順序如何選擇、稅率如何設定、中央和地方之間的財政關係如何調整、稅收徵管如何應對等問題。總之，擴圍改革的效應如何是需要我們認真思考對待的問題。

本書運用規範分析和實證分析，根據上海擴圍方案，測算

增值稅擴圍改革效應，包括增值稅擴圍改革對行業稅負的影響、對財政收入的影響以及對經濟增長的影響。在此基礎上，本書提出中國增值稅擴圍改革必須注意的問題。從理論方面來講，測算增值稅改革方案對多個方面的影響將有助於完善中國增值稅制度，為中國增值稅制度向現代型增值稅邁進提供理論支撐。從實踐方面來講，具體測算增值稅擴圍改革方案的影響，充分預見增值稅擴圍改革對中國行業稅負、財政收入、經濟增長帶來的影響，有助於中國為下一步增值稅擴圍改革方案提供事前預測功能，削弱增值稅擴圍改革方案的不利影響。

1.2 文獻綜述

1.2.1 營業稅改徵增值稅研究綜述

增值稅作為中性稅種，在徵收過程中環環相扣才使得中性得以顯現。幾乎所有實施增值稅的國家都是增值稅「一稅貫通」，只有中國才存在增值稅和營業稅並存問題，由此也帶來一些問題。

1. 中國營業稅和增值稅並存及其弊端

龔廣虎（1996）認為中國的增值稅制度在完整性和統一性方面存在問題，即徵收範圍不完整，從而導致增值稅管理權產生動搖、稅款抵扣方面矛盾多、增值稅納稅人與營業稅納稅人之間存在稅負橫向差異；增值稅對不同納稅人實行的政策不統一，導致了企業稅收負擔重、對個體經濟產生了衝擊和稅收徵管難度大等問題。

鄧文勇等（2006）認為營業稅與增值稅課稅對象的經濟關係不會因徵稅而割裂。交通運輸業、建築業、金融保險業、銷

售不動產等與生產有著密切關係，引致重複徵稅，造成了納稅人有抵觸情緒、增加徵管成本、存在徵稅的不經濟等問題。

魏陸（2010）認為目前中國經濟結構服務化、企業分工精細化和產業發展融合化，導致服務業總體稅負相對較重、營業稅重複徵稅較為突出以及稅收邊界日益交叉和模糊。

龔輝文（2010）認為重複徵稅、服務業稅負過重、削弱出口產品和勞務競爭力是增值稅和營業稅並存的弊端。

楊默如（2010）利用國民經濟投入產出表估算了2007年中國流轉稅領域的重複徵稅規模為1.5萬億元，涉及產值17萬億元。從根本上解決問題需要將營業稅納入增值稅。

唐婧妮（2010）對比了中國與東盟的增值稅差異，認為中國的增值稅稅率偏高且徵稅範圍較窄，從而降低了中國貨物的國際競爭力、服務業的競爭力、投資的吸引力。

賈康（2011）認為中國營業稅與增值稅並存存在三方面的問題：一是從稅制完善性來看，兩稅並行破壞了增值稅抵扣鏈條，影響了增值稅效應的發揮；二是從產業發展和經濟結構調整來看，把服務業排除在增值稅徵收範圍之外，不利於中國服務業的發展；三是從稅收徵管來看，兩稅並存造成了稅收徵管實踐中的一些困難。

胡怡建（2011）認為現行服務業營業稅制度存在全額徵收、重複徵稅、兩稅並存、抵扣中斷、區別對待、政策歧視等制度性缺陷。這些缺陷不利於現代服務業轉型發展，不利於生產性服務業整合發展，不利於跨國服務貿易發展。

由此可見，營業稅和增值稅並存導致重複徵稅，破壞了增值稅抵扣鏈條，影響了服務業發展，加大了稅收徵管的難度。因此，解決這些問題，根本上還是要擴大增值稅徵收範圍，將營業稅納入增值稅。

2. 增值稅擴圍改革面臨的難題

對於增值稅擴圍改革面臨的難題，學術界進行了廣泛的研究。

汪德華等（2009）認為中國增值稅擴圍存在稅率確定、一般納稅人標準確定和對待服務行業的處理三方面的技術難題，以及如何協調中央和地方的利益、如何處理跨境生產性服務貿易兩個體制難題。

胡怡建（2011）認為中國增值稅擴圍改革面臨模式難選擇、制度難設計、財政難承受、企業難負擔、地方難接受、價格難控制、徵管難協調和立法難推進八大挑戰。

楊默如（2011）認為增值稅擴圍改革面臨四方面問題：財政體制調整、國地稅職責協調、稅收徵管環境能否適應擴圍改革以及改革後出現的各行業稅負升降不一的問題。

楊志勇（2011）認為增值稅完全取代營業稅是未來發展方向，營業稅改增值稅對局部範圍內物價上漲形勢的抑制將產生一定的作用。此外改革還涉及稅率設定、財政體制等問題，都需要在試點的過程中解決。

蘇玲（2011）認為增值稅擴圍改革預期會遇到中央與地方利益重構問題、財稅體制變革問題、稅率問題、擴圍執行第一期的財務核算轉換和籌劃問題、對原有營業稅優惠處理問題、異地進銷業務地方利益紛爭問題、各行業可能面臨稅負不均問題、稅收徵管權限和徵管問題八大問題。

魏陸（2010）認為調整財政管理體制、增值稅稅率設定和特殊行業處理是增值稅擴圍的難點，而調整財政管理體制是最棘手的問題。

由此可見，學者普遍認為增值稅擴圍改革主要面臨稅率設定、財政體制改革、稅收徵管、優惠政策等問題。這些問題能否處理好關係到增值稅擴圍的效果，因此，在制訂增值稅改革

方案時，必須充分考慮這些難題。

3. 增值稅擴圍改革的條件

王金霞（2009）認為任何一種稅制的設計都要考慮公平和效率兩方面的因素，並在兩者之間尋求最佳平衡點。而對於每一稅種來說，其側重點又各不相同。直接稅更側重於公平，間接稅更關注效率。增值稅作為一種間接稅，也更關注效率。而稅收效率原則主要包括三個方面：①提高稅務部門行政效率，使徵管成本最少；②對經濟活動干預小，使稅收超額負擔盡可能小；③有利於資源優化配置，達到帕累托最優。

吳金光（2010）認為增值稅改革應該以稅收管理改革為先導，建立納稅人自行申報制度。有一個依法納稅的好傳統是有效實施增值稅改革的先決條件。

鄧子基等（2011）認為增值稅徵收範圍逐步擴大的過程要與社會經濟條件和稅務部門徵管能力相適應。

劉明等（2011）認為擴大徵稅範圍需要做好五方面工作：①重塑地方稅收體系；②分步實施，積極試點；③提高政府支出效率，緩解支出壓力；④提高徵管水平；⑤強化納稅人的會計核算並提高核算水平。

李思泓等（2002）認為擴大增值稅徵收範圍，縮小營業稅徵收範圍能夠為中國經濟運行創造一個良好的環境。在中國會計核算逐步完善、稅法不斷修訂、稅務人員素質不斷提高、徵管手段不斷革新和納稅人納稅意識不斷提高的前提下，中國已經具備擴大增值稅徵收範圍的條件。

增值稅擴圍改革從稅務部門來說，必須建立在徵管水平提升的基礎上，從納稅人的角度來說必須具備完善的會計核算制度。而這些條件都需要稅法進行保障，因此，稅收徵管水平、完善的會計核算制度和與擴圍相適應的稅收立法是增值稅擴圍的主要條件。

1.2.2 增值稅擴圍改革效應研究綜述

1. 增值稅擴圍改革對企業稅收負擔的影響研究

Kaplanoglou（2000）、Kaplanoglou 和 Newbery（2004）對希臘和英國稅收負擔進行了研究。Younger、Sahn、Haggblade 和 Dorosh（1999）研究了馬達加斯加的稅收負擔。Basley 和 Rosen（1999）研究了美國商品價格數據，發現商品價格上升等於稅收的比例。

平新喬等（2010）定義了規模以上企業增值稅稅負和所有企業的增值稅稅負：規模以上增值稅稅負是規模以上工業企業應交增值稅與規模以上工業企業增加值的比值，所有企業的增值稅稅負為國內實繳增值稅與工業增加值和商業增加值之和的比值。

平新喬等（2010）研究了營業稅和增值稅的稅負結構。實證研究發現現行的營業稅和增值稅並存的現狀導致了對服務業和廣大中小企業的歧視；分省數據顯示，北京、上海、天津等地已經不同程度地出現了歧視現象。建議徹底免徵小規模企業的增值稅，並把增值稅推廣到所有產業。但其並沒有對分行業的增值稅負擔進行測算，進而無法從分行業的角度提出增值稅擴圍的方案。

2. 增值稅擴圍改革對中央與地方稅收劃分的研究

Seligman（1895）從行政角度最早研究了中央政府與地方政府稅種劃分原則。Musgrave（1959）從滿足各級政府財政支出需求角度提出有利於宏觀經濟穩定的稅種應當劃歸中央政府，稅收收入較為穩定的稅種應當劃歸地方政府。Ter-Minassian（1997）認為稅基流動性較差、稅基分布較均勻和稅收收入相對穩定是地方政府稅種劃分應該滿足的三項標準。

3. 增值稅擴圍改革對經濟增長的影響

理論上來講，低稅率、寬稅基、單一稅率檔次都是最優增值稅的組成要素，也是現代型增值稅的主要標誌。但現有的文獻發現理論和現實存在一定的差異。

Ballardetal（1987）研究了美國的單一稅率與多檔稅率增值稅對經濟體的影響。研究發現，單一稅率的增值稅獲得的福利改善比多檔稅率的增值稅要顯著得多。Byeetal（2003）在稅收中性的條件下，實證了挪威的增值稅改革效果，發現單一稅率、徵收範圍包括所有的產品和服務且廢除對生產環節的投資徵稅的增值稅改革顯著提高了福利水平，也就是說，稅收的超額負擔降低，經濟效率得到改善。

袁春明（2000）認為增值稅徵收範圍擴大會對經濟穩定、稅負結構和產業結構、勞動力供給與投資、財政收入增長以及中央與地方收入帶來積極影響。

楊全社（2010）通過實證研究發現，大多數省份的人均地區生產總值、工業化水平、城市化水平與營業稅佔一般預算收入比重、營業稅和增值稅之和佔一般預算收入比重排名有較高的重合度，認為工業化和城市化水平是推動稅收制度變化的基本力量。

孔劉柳等（2010）利用1998—2007年的數據，實證研究了增值稅對地方財政收入的穩定效應。結果表明，增值稅有利於地方財政收入的穩定性。建議將營業稅併入增值稅並降低地方分享比例。

汪衝（2011）運用收入中性分析框架，構建可計算一般均衡模型實證研究了中國增值稅擴圍改革的經濟效率。研究結論不支持將所有購進固定資產進項稅額全部抵扣，也不支持直接取代營業稅，而是建議將一些與製造業以及第二產業緊密相關的行業納入增值稅增收範圍，在稅率上不也不支持單一稅率框

架。此外，研究還發現通貨膨脹對增值稅改革效應有重要的影響。

張斌（2011）認為增值稅取代營業稅後會導致地方財政收入減少，進而導致地方財政支出規模下降，基礎設施、公共衛生、科技教育等方面投入不足，弱化產業結構調整引導作用。在這種情況下，地方政府會通過向中央獲取更多的轉移支付支持或者是發行地方政府債券來解決財政收入的不足，從而會增加地方政府的財政風險。而對於企業來說，改徵增值稅後會實現全產業鏈抵扣，消除重複徵稅，降低企業稅負。

張斌（2011）認為增值稅擴圍對地方經濟會產生三種影響：①減少地方政府財政收入，擴大收支缺口，推動預算外收入膨脹；②使得地方政府對公共基礎設施和公共服務投入不足，影響產業政策發揮實際效果；③消除企業流轉稅雙重徵收問題，減輕稅收負擔。對於擴圍產生的影響，張斌認為短期內可以通過完善政府轉移支付制度、適度提高地方政府共享稅分成比例來彌補政策帶來的消極影響。長期內應注重發展地方經濟，保持經濟健康快速發展；完善地方稅收體系，確立地方稅主體稅種。

4. 增值稅擴圍改革對社會福利的影響

隨著微觀經濟研究方法的發展，學術界開始使用定量方法對消費稅的福利效應和最優稅制結構進行研究。

Ramsey（1927）是最早研究間接稅的福利效應與最優稅制設計的，Judd（1985）、Chamley（1986）是可計算稅收福利效應的奠基者。

Auerbach 和 Kotlikoff（1987）使用一般均衡模型研究了美國稅收改革的福利效應。

Fuster 等（2008）在 Auerbach 和 Kotlikoff 的研究基礎上，運用相同的模型研究了美國所得稅與消費稅改革的福利效應。這

些研究都是針對間接稅和直接稅孰優孰劣的研究。

專門研究間接稅福利效應的代表性成果是 Creedy (1998, 1999) 的研究。其運用微觀經濟學基本原理，考察了間接稅通過價格變化對消費者產生的補償性變動和等價性變動，並以補償性變動和價格性變動為度量指標，研究了澳大利亞實施的商品與服務稅的福利效應。此處的商品與服務稅實質上是全面覆蓋第二、三產業的增值稅，因此對中國增值稅擴圍改革具有重要的借鑑意義。

平新喬等 (2009) 運用 2005 年、2006 年、2007 年的中國城市不同收入人群的支出結構數據，在 Creedy (1998) 的間接稅福利效應模型的基礎上，構造了增值稅和營業稅對價格的轉移模型，估算了增值稅和營業稅對消費者的福利傷害效應。結果發現，目前服務業企業繳納的營業稅，如果折算成增值稅，其稅率高於 18.2%，超出了增值稅的標準稅率。建議免徵小規模納稅人（企業）的增值稅，把服務業納入增值稅徵收範圍，使服務業企業有權進行進項抵扣。

劉明等 (2011) 基於稅收成本和社會福利的角度，應用 CGE 模型測算了營業稅改徵增值稅後所增加的社會福利。結果表明，增值稅避免重複徵稅和稅收中性的特點沒有從成本上體現出來，而營業稅改徵增值稅後整個社會福利收益會增加。

劉怡等 (2009) 利用 1995—2006 年城市不同收入組人均各類消費項目的詳細數據，使用微觀模擬法研究了不同收入組人均負擔的增值稅和營業稅占收入比例的演變及其對收入分配的影響。結果表明，增值稅負擔一直是累退的，營業稅負擔一直是累進的，營業稅在一定程度上減少了收入不平等的增加。

熊鷺 (2011) 建立結構向量自迴歸模型和誤差修正模型，分析了中國增值稅、營業稅與物價指數之間的動態關係。研究發現減稅有利於抑制通貨膨脹，但稅收不是決定物價變化的主

要力量。其建議在推進稅制改革時可以不用考慮增值稅、營業稅等稅收的增加對物價指數的影響，但整體來看，應該選擇減稅政策來抑制通貨膨脹。

從以上文獻可以看出，人們對於增值稅擴圍改革效應的研究，主要集中在對稅收負擔的影響、對中央和地方稅收劃分的影響和對社會福利的影響方面。不同的稅種在稅制中承擔不同的作用。增值稅作為中國的主體稅種，是財政收入的主要來源，因此，我們在進行擴圍方案效應測算時，主要集中在經濟效應的測算上。而經濟效應的測算主要包括擴圍後稅收負擔、中央和地方財政收入、經濟增長等測算。

1.2.3 增值稅改革方案建議研究綜述

1. 改革整體方案的研究

鄧文勇等（2006）認為應該取消營業稅，全面開徵增值稅。

龔廣虎（1996）認為取消營業稅，將全部勞務納入增值稅範圍依照中國的國情來看是不現實的。

王建平等（1999）認為應該將建築安裝和交通運輸行業納入增值稅徵收範圍；在進行改革時應該考慮行業特點、現有稅負水平以及中央和地方財政利益合理制定徵管辦法。

鄢杰（2000）建議將增值稅徵收範圍擴大到農業和第三產業；對於農業可以在「三高」農業、創匯農業和珍稀養殖業先行推廣增值稅；對於第三產業可以先在與工業生產密切聯繫的交通運輸、建築、無形資產轉讓、不動產銷售等行業推廣增值稅。

葉子榮（2009）認為增值稅改革應將擴大增值稅徵收範圍與縮小其規模同時進行，防止增值稅一稅獨大；同時積極緩解增值稅扣除範圍過窄形成的稅制負效應，逐步向徹底的消費型增值稅靠近。

袁春明（2000）認為增值稅徵收範圍必須擴大，中期目標是從使增值稅鏈條更加完整的角度，把徵收範圍擴大到與生產經營活動密切相關的交通運輸業、建築業和郵電通信業等行業；長期目標是實現全面型增值稅，徵收範圍進一步擴大到第一產業和整個第三產業。

張培英等（2003）建議把交通運輸業、建築安裝業納入增值稅徵收範圍，並在稅率設置、發票及管理、小規模納稅人的認定和管理方面提出了具體的建議。

王金霞（2009）認為增值稅擴圍應該分步實施：第一步，將交通運輸業及與其緊密聯繫的倉儲保管業、物流業納入徵稅範圍；第二步，將建築業納入徵稅範圍，同時將商業用房或住房以及土地使用權（土地使用權出讓免稅）納入徵稅範圍；第三步，將與生產經營和人民生活密切相關的金融保險、郵政電信納入徵稅範圍。住宿、餐飲業、旅遊業、娛樂業等直接面對消費者的行業不宜納入增值稅徵稅範圍。

魏陸（2010）認為建立現代增值稅仍然是中國增值稅改革的目標。建議暫不進行增值稅擴圍改革。應考慮產業發展、市場競爭、徵收管理、財政體制等諸多條件的約束。目前中國應該先完善營業稅制，通過降低營業稅稅率，對重複徵稅比較嚴重的服務行業進行營業稅差額徵稅，對服務出口進行免稅等措施，促進服務業發展。

龔輝文（2010）提出了兩種改革方案：一種是考慮到實際徵管條件和能力，逐步擴大增值稅徵收範圍；另一種是原則上可以將服務業全面納入增值稅徵收範圍，但應該注重提高稅務機關的徵稅水平與完善一般納稅人標準的身分認定制度。

蔡昌（2010）認為理論上講增值稅擴圍應該覆蓋所有行業，但在實踐中必須考慮徵稅成本。調整中央和地方政府的增值稅收入分配關係是增值稅擴圍改革的前提。此外蔡昌提出了完善

增值稅抵扣鏈條，實行增值稅實質課稅的建議。

趙麗萍（2010）認為應該先將金融業、交通運輸業納入增值稅徵收範圍，在稅率選擇上應該延續營業稅的行業差別稅率政策。此外，還應該考慮抵扣機制對不同行業的減負效果，避免誤導產業政策的制定。

董其文（2010）不讚同取消一次性營業稅，將所有勞務不分行業全部納入增值稅徵收範圍。董其文提出了一種分步實施的方案，即第一步將與生產過程聯繫緊密的交通運輸業、建築業和郵電通信業納入增值稅範圍；第二步將銷售不動產、代理倉儲等其他直接與商品生產與流通聯繫較為密切的服務行業納入增值稅徵收範圍。

肖緒湖等（2011）認為現行營業稅稅制設計較為合理，現行的營業稅稅制仍然是最理想的稅制設計，增值稅擴圍改革弊大於利，因此，不讚同增值稅擴圍。

吳霖等（2011）對中國商業銀行流轉稅稅制改革方案進行了設計，認為改革可以分三步走：首先，短期內優化現有銀行業營業稅稅制；再次，將銀行業納入增值稅徵收範圍；最後，對銀行業增值稅進行優化改革。

大多數學者主張增值稅擴圍，但也有學者不讚同增值稅擴圍。然而，增值稅的擴圍是大勢所趨，並納入了「十二五」規劃。不過，大多數學者建議採取逐步改革的方式。

2. 行業納入順序的研究

李思泓等（2002）認為應該採取循序漸進的方式，先把交通運輸業和建築安裝業納入增值稅徵收範圍，在條件成熟時，再把勞務提供和與貨物交易密切相關的代理業、倉儲業、租賃業、廣告業納入增值稅徵收範圍。

歐陽坤（2009）認為可以先將交通運輸業、建築業、物流業等納入增值稅的徵收範圍，在條件允許的情況下再擴大到其

他服務業。

魏陸（2011）認為，第一步先將交通運輸業、服務業中與生產密切相關的行業（如物流業、融資租賃業等）、建築業納入增值稅徵收範圍；第二步將郵電通信業、文化體育業、轉讓無形資產、娛樂業、服務業中與生產不密切相關的行業（如公共服務業等）納入增值稅徵收範圍；第三步將銷售不動產、金融保險業納入增值稅徵收範圍。

蔡昌（2011）認為可以將交通運輸業、建築業、郵政通信業、物流業、倉儲業、代理業、租賃業、娛樂業、旅遊業、房地產業以及其他服務業等納入增值稅徵收範圍，但是金融保險業不宜納入增值稅徵收範圍。擴圍步驟分為三步：第一步是適度擴大增值稅納稅人範圍；第二步是將與工商業關係密切的建築業、交通運輸業、物流業、倉儲業、代理業、租賃業等行業納入增值稅徵收範圍，同時提高地方政府分成比例和增量收入返還比例；第三步將郵電通信業、娛樂業、旅遊業、房地產業及其他服務業納入增值稅徵收範圍，並將擴圍與分稅制改革結合起來。

3. 稅率的研究

龔輝文（2010）設計了增值稅、營業稅合併後的相關徵稅對象的增值稅稅率，認為除了目前適用的17%和13%兩檔稅率外需要增加一檔超低稅率，適用於一些公益性、社會性的服務項目以及生活必需品。

對於稅率確定，汪德華等（2009）建議在適當降低服務業稅負的基礎上，盡量保證服務行業稅率的統一；對於一般納稅人標準的確定，建議採用單一的一般納稅人標準，且標準應從低而非從高；對於對待服務行業的處理上，建議對中國金融服務業免稅不是擴圍後的最優選擇，應該借鑑國際經驗結合中國國情慎重處理，對公共服務部門採用零稅率，在銷項免徵，同

時對其進項給予退稅。

葉子榮（2009）建議擴大增值稅徵收範圍，同時不能使增值稅的規模過分擴大。經過改革應使增值稅最終成為稅率控制在15%左右，收入比重在30%以下的消費型增值稅。

4. 增值稅擴圍後的中央與地方財政關係的處理

汪德華（2009）認為，應該將增值稅擴圍與分稅制調整捆綁起來，一起進行改革，由中央和地方重新確定一個增值稅分享比例，且中央的分享比例應適當降低。

王金霞（2009）提出了兩種方案：①保持原有的分配格局與機構設置不變，在擴圍的同時，以開徵物業稅、社會保障稅等方式彌補地方政府因擴圍而減少的營業稅；②擴圍的同時進行稅務機構改革，將國稅、地稅部門合併，並根據地方政府承擔的事權重新劃分財權。

龔輝文（2010）提出了兩種方案：一種是「過渡性」改革思路，對現行管理及收入劃分上劃歸地方政府的收入改革後仍劃歸地方政府，或者對分配比例進行重新調整。另一種是「一步到位」改革路經，即增值稅擴圍改革與進一步的分稅制改革同步進行，重新區分中央與地方的收入歸屬，對國稅、地稅部門的分工進行重新劃分。

董其文（2010）提出了三種思路：一是可以通過轉移支付的方式，彌補地方政府減少的稅收收入；二是通過調整增值稅中央和地方分享比例來解決（依據作者的初步估算，中央與地方的比例大致為69：31）；三是營業稅改徵增值稅後，原屬於營業稅行業的增值稅改由國稅部門徵收，但是收入歸地方。

施文潑等（2010）指出現行增值稅收入分享體制存在明顯的缺陷，主要表現在三個方面：①客觀上激發了地方政府片面追求地區生產總值增長以增加稅收收入的動機，導致經濟增長方式難以轉變；②沒有考慮稅負地區之間轉嫁的影響，導致地

區財力分配不均；③稅負轉嫁導致對外地商品設置人為障礙，防止外地商品在本地銷售，阻礙了全國統一大市場的形成。為此其建議：首先，營業稅應全面納入增值稅徵收範圍；其次，增值稅的徵收管理權力應歸中央政府，但財政收入仍實行中央政府和地方政府共享，分成比例要綜合考慮各地的人口數量、消費能力、基本公共服務需要的政府財政收入能力等諸多因素後確定；最後，因地方財政收入減少，可以考慮確定開徵房產稅和資源稅作為地方的主體稅種。

楊全社（2010）認為增值稅改革需要面對的主要問題是擴圍後中央政府和地方政府利益調整問題。他建議在改革中尊重原有的利益格局，同時將改革與中國目前實施的「省管縣」財政體制改革結合起來，進一步完善省以下財政轉移支付制度，提升中央政府的宏觀調控能力。

楊默如（2010）對目前學術界對營業稅改徵增值稅後的收入歸屬方案進行了分析，認為目前主要存在兩種觀點：一種是繼續執行原有分成機制，即收入仍然歸地方政府所有；另一種是將行業增值稅與現行增值稅分成機制相統一，即中央占大頭、地方占小頭的分成方式。其讚同後一種分成方式。

楊默如（2011）對於財政體制調整提出三種方案：一是改革後，擴圍行業增值稅歸地方政府所有；二是改革後，擴圍行業增值稅與現有增值稅的分成機制相統一，中央和地方按照6：4分成；三是增值稅統一歸中央所有，地方政府通過轉移支付或開徵其他稅種來彌補營業稅收入的減少。

5. 稅收優惠政策的研究

董其文（2010）認為，應該關注增值稅的各類優惠政策的負面影響，防止增值稅鏈條中斷，產生重複徵稅的現象。建議應盡量避免在中間環節給予增值稅優惠政策，只在最終消費環節給予，從而降低增值稅對經濟的扭曲作用，發揮增值稅的中

性效應。

姜明耀（2011）認為未來增值稅免稅項目的選擇主要包括三種：一是對政府非營利組織所提供的服務、殘疾人使用的機械設備、小企業免稅；二是對非規範的市場交易行為免稅；三是對技術實現上具有困難的金融業、保險業等行業仍然徵收營業稅，等時機成熟後再納入增值稅徵收範圍。

1.2.4 不同行業增值稅擴圍改革研究綜述

1. 金融業

閏先東（2009）認為，在國外，大都將金融業納入增值稅徵收範圍，但沒有對金融業全面實行增值稅，一般對核心金融業務實行免稅，對附屬金融業務徵收增值稅，對出口金融業務實行零稅率。因此，應該在完善分稅制財政體制的總體框架下，從實施增值稅，降低營業稅稅率、縮小營業稅稅基以減輕銀行業的營業稅負擔，允許銀行根據資產分類結果和會計準則提取的貸款損失準備全部從稅前扣除三個方面對銀行稅制進行改革。

劉煒等（2000）認為應該首先將金融業納入增值稅徵收範圍，因為金融業改徵增值稅能夠體現公平稅負原則，有利於防範和化解金融風險，有利於方便徵管和納稅企業，有利於加強中國金融業面對外資金融業衝擊的能力。

吳金光（2010）認為，由於金融業自身行業特點的制約，對金融業徵收增值稅必須以提高稅收管理成本和管理技術為代價，因此，金融服務行業目前暫不適合增收增值稅。

馬恩濤（2010）認為中國應該在金融業發達地區進行增值稅擴圍試點，並在改革中建議明確應稅項目和免稅項目、進項稅額抵扣方法、稅額在中央和地方之間的劃分、稅收政策與優惠方式、稅率等問題，累積經驗，為其在全國推廣提供借鑑。

楊默如（2010）對金融業改徵增值稅提出了政策建議，認

為在稅率設計上，金融行業應該與其他行業保持一致的稅率，但增值稅標準稅率需要略微降低；在稅基確定上，應將金融服務全面納入增值稅徵收範圍，再分項目確定是否給予免徵或零稅率政策；在財政體制上，建議增值稅作為中央稅或共享稅，徵管主體集中到一個系統。

魏陸（2011）根據中國金融業發展的現狀，並借鑑國際經驗，提出了中國金融業增值稅改革方案：第一步對金融業採取簡易徵收管理辦法，即將金融業納入增值稅徵收範圍，但是以3%的稅率徵收增值稅，對金融出口免稅，對金融創新給予稅收優惠；第二步，對金融核心業務實行免稅，對附屬業務按標準稅率（17%）徵稅；第三步，將全部金融業務都納入增值稅增收範圍，新設一檔稅率（8%~10%）。

鄧子基等（2011）認為中國金融服務業面臨重複徵稅、營業稅徵收內外稅負不公的問題。相對於其他服務行業來說，金融服務業信息化程度高、內控制度較為健全，具備納入增值稅發票聯網系統的內在動力和外在條件，因此，把金融服務業納入增值稅擴圍範圍是可行的。在徵收範圍上應選擇以直接收費的金融服務為主，對仲介服務和間接收費的金融服務給予適當優惠，待時機成熟再全面推廣。同時，在改革的過程中，應該明確增值稅應稅項目和免稅項目、進項稅額抵扣方法、中央和地方稅額劃分方法、稅收政策取向和優惠方式以及稅率。在徵稅方法上可借鑑國際金融服務業徵收增值稅的做法，具體包括歐盟的免稅法、新西蘭的零稅基法，以及澳大利亞和新加坡的進項稅額固定比例抵扣法。

由此可見，學術界對金融業是否該納入增值稅擴圍範圍的看法不一。不認同金融業納入增值稅徵收範圍的學者普遍認為，目前的徵管水平與金融業徵收增值稅條件不符，且金融業主營業務進項稅額抵扣難；而贊同金融業納入增值稅擴圍範圍的，

主要是從促進中國金融業發展，以及借鑑國外金融業徵收增值稅的實踐出發來思考的。

2. 交通運輸業

劉廣仲（1996）認為將交通運輸業排除在增值稅徵收範圍會形成企業稅負累退趨勢，形成徵稅不足和運力資源浪費，導致中央級預算流失，導致增值稅專用發票收、受行為失範，徵管不到位導致稅源失控。因此建議盡快將交通運輸業納入增值稅徵收範圍。

韓蘭茹等（1999）設計了適應鐵路運輸業的增值稅改革方案：一種方案是在現行生產型增值稅稅制下重新設計稅率為10%稅種，另一種方案是徹底改變現行增值稅稅制，將生產型增值稅轉變為消費性增值稅，稅率為25%。

汪恭彬等（2001）認為鐵路運輸業改徵增值稅是避免重複徵稅，促進鐵路運輸業發展的重要途徑。同時，其提出了改革方案：第一階段客運公司實行增值稅，路網繼續繳納營業稅；第二階段整個鐵路行業統一實行增值稅。

羅曉華（2004）認為鐵路行業是物質生產部門，有增值額。鐵路運輸業運費憑證已納入增值稅管理，鐵路運輸業運費已按7%列作進項稅額抵扣。因此鐵路運輸業已經具備開徵增值稅的條件。

羅飛娜（2006）從公平稅負、增值稅抵扣鏈條完整角度認為，應該對交通運輸業改徵增值稅，並從稅源情況、操作上的可行性、對企業稅負的影響、對財政收入的影響和對徵納雙方效率的影響五個方面分析了交通運輸業改徵增值稅的可行性，並建議在交通運輸業實施比13%更加優惠的增值稅稅率，但必須妥善應對由此造成的稅負不公問題。

劉明慧（2010）建議應該將交通運輸業首先納入增值稅擴圍的範圍，擴圍後增值稅稅率應設定為13%的低稅率，擴圍後

中央與地方增值稅收入分享體制應重新調整，科學確定分享比例。

甘啓裕（2011）認為將交通運輸業納入增值稅徵收範圍，在稅制設計上需要注意兩點：①考慮企業所承受的稅負的變化情況；②保證國家稅收和企業經營的穩定性。

郭家華（2011）以交通運輸業為例，研究了增值稅擴圍的影響。從國家財政收入的角度來看，擴圍後交通運輸業可以為國家帶來更多的稅收；從企業稅收負擔的角度來看，擴圍將增加交通運輸業的稅負，因此，應該實行比13%更優惠的稅率，或者對增值稅先徵後返；從對徵納雙方效率的影響來看，會增加企業管理成本，也會增加稅務機關的管理成本。

孫迎芬（2011）研究了物流業營業稅稅制改革設想，從促進物流業發展角度提出了將物流業全面納入現行消費型增值稅徵稅範圍中，使物流業納稅人計算應納增值稅時可以進行進項稅抵扣，同時，對一般納稅人資格的物流企業實行13%的稅率，對小規模物流企業實行3%的稅率。

由此可見，學者們都較為贊同對交通運輸業的增值稅擴圍改革。在研究中，部分學者把目光放在了整個交通運輸業來研究，也有學者從交通運輸業的分支，如鐵路運輸業、物流業等來進行研究。

3. 建築安裝業

王金霞（2005）研究了建築業實現增值稅的可行性，認為建築行業營業稅重複徵收嚴重，稅收負擔不公平，營業稅無法解決建築業營業稅徵管中的紕漏。建築業快速發展的同時日益重視增加值的核算為建築業開徵增值稅提供了條件。同時，王金霞認為在改革中應該實施建立增值稅預繳制度、將土地使用權和銷售不動產納入增值稅徵收範圍、取消土地增值稅和調整增值稅中央和地方分享比例等相關配套措施。

魏正武（1999）對建築安裝業改徵增值稅的稅率和徵收管理進行了研究，認為增值稅稅率＝計算出的增值稅整體稅額÷工程總收入×100%，其中，增值稅整體稅額＝應納營業稅稅額＋主要建築材料、輔助物耗和固定資產中計算出的增值稅稅額。用這種方法測算的建築安裝業的稅率為14%。對於稅收管理，其研究了小規模納稅人的劃分和徵收管理方面應注意的問題。

王建平等（1999）研究了建築安裝業改徵增值稅的計稅依據、稅率、進項稅額抵扣、納稅地點選擇、兩類納稅人的劃分等問題。他們認為建築安裝業計徵增值稅的營業額應該包括向建設單位收取的全部價款和價外費用，以工程完工進度為依據分期繳納增值稅；建築安裝業增值稅稅率應設為13%；應將建築安裝企業的機器、設備等固定資產的進項稅額納入增值稅抵扣範圍；對於建築安裝企業異地從事業務的，可按照工程款的一定比例在項目所在地預徵增值稅，回總機構清算；取消「一般納稅人」和「小規模納稅人」，可按照建築安裝企業資質等級來劃分。

劉小靈等（2000）研究了建築安裝業改徵增值稅的風險，認為建築安裝業改徵增值稅後將面臨來自企業承受能力、地方財政收入和稅收徵管體系三方面的風險。對於企業承受能力風險，可以通過提高其進項稅抵扣額來化解；對於地方財政收入風險，可以通過開徵新的稅種，如社會保障稅、遺產與贈予稅等來化解；對於徵收管理體系風險，可以通過嚴格「一般納稅人」和「小規模納稅人」劃分標準、提高稅務人員素質、完善徵管手段、提高全民納稅意識等措施來化解。

從以上文獻可以看出，學者們都讚同把建築安裝業納入增值稅徵收範圍。

4. 融資租賃業

在融資租賃業開徵增值稅上學者的看法不一。

蔣寧等（2010）研究了增值稅改革對融資租賃業的影響，認為增值稅改革會增加融資租賃業承租方的購置成本，降低融資租賃企業的市場競爭力。

陳蘇明（2009）在增值稅轉型的背景下，提出了融資租賃業改革的方案：建議企業以融資租賃方式取得貨物視同自購，進項額可以抵扣；出賣人可向承租人開具增值稅專用發票，承租人據此抵扣進項稅額；出賣人可根據出租人要求在增值稅專用發票備註欄中註明貨物所有權；出租人從事融資租賃業務的仍繳納營業稅；出租人可以憑藉出賣人向承租人開具的增值稅專用發票複印件、買賣合同和融資租賃合同作為出租人購入貨物價格的確認依據。

1.3 研究內容

本書以改革的經濟效應為研究視角，研究增值稅擴圍改革對企業稅收負擔、財政收入以及經濟增長的影響。研究內容主要包括以下幾個方面：①中國增值稅改革的歷程、特點和存在的問題以及國際增值稅實踐對中國增值稅改革的啟示。②增值稅、營業稅的原理及其對企業稅負、財政收入、經濟增長的影響。③利用投入產出表測算增值稅擴圍改革對行業稅收負擔和財政收入的影響。④運用面板數據模型研究增值稅和營業稅對中國經濟增長的影響以及增值稅擴圍後對中國經濟增長的影響。⑤探討增值稅擴圍改革的難點、原則並結合本書實證研究對中國增值稅擴圍改革提出針對性建議。

1.4 研究方法與技術路線

1.4.1 研究方法

基於本研究的內容及其廣度和深度，本研究主要採用以下幾種研究方法：

1. 比較分析法

本研究梳理了中國不同歷史階段三次增值稅改革，並對每次改革取得的成就和存在的問題進行了比較分析；同時對世界上實行增值稅的多個國家分別就其稅收制度、徵管制度以及反避稅制度進行了比較。

2. 實證分析法

本研究利用投入產出表分別測算了增值稅擴圍改革對工業、服務業稅負的影響和擴圍行業財政收入的影響；通過構建增值稅、營業稅與經濟增長的關係模型，使用中國近11年稅收和經濟增長的面板數據測算增值稅擴圍改革對中國經濟增長的影響。

1.4.2 技術路線

技術路線如圖 1-1 所示。

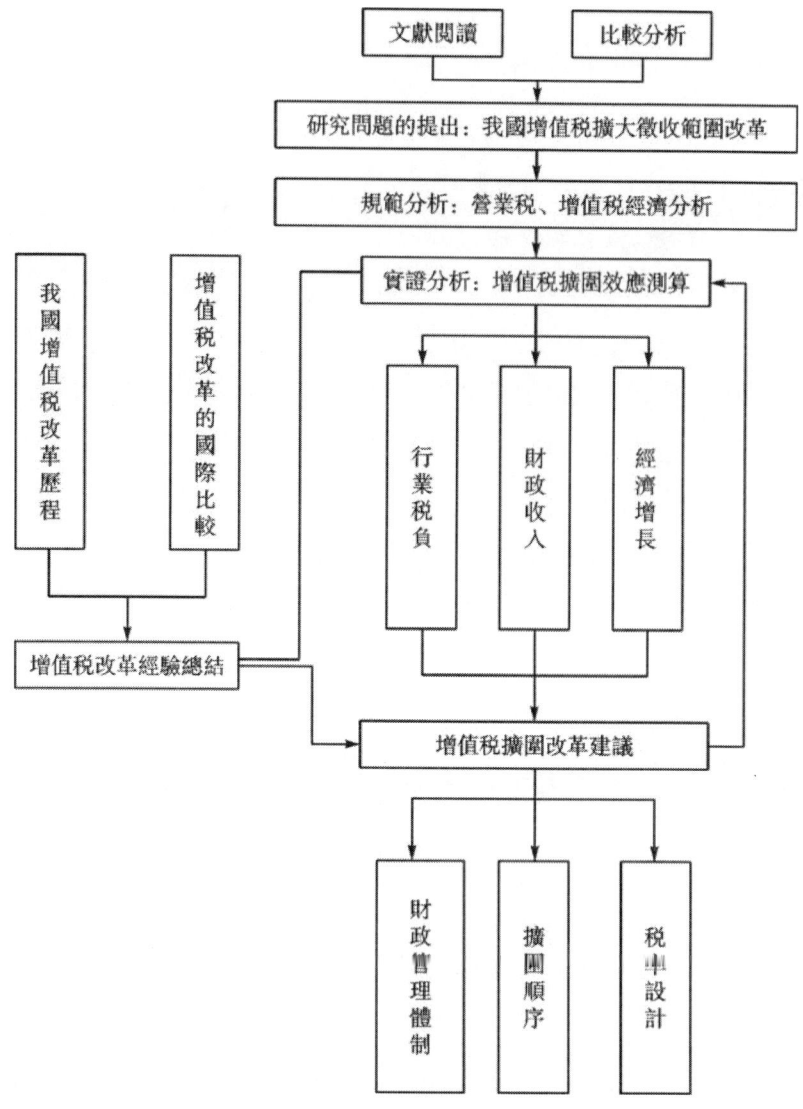

圖 1-1　本研究的技術路線圖

1.5 研究的創新性

本研究的創新性主要體現在以下兩個方面:

(1) 本研究清楚地揭示了增值稅擴圍改革同產業結構調整之間的關係。本研究運用投入產出表構建了工業行業和服務業的稅負、財政收入計算公式,選取39個工業部門、17個服務業部門,就增值稅擴圍前後的稅負、財政收入變化情況進行了測算。結果發現:上海增值稅擴圍方案推廣到全國後,工業行業稅負普遍下降1%~2%,其中以食品製造業減稅最為顯著;服務行業稅負變化有增有減,普遍浮動在-3%~3%,總體波動幅度大於工業行業,其中以租賃業減稅最為顯著。這表明增值稅擴圍改革符合併體現了通過「結構性」減稅,促進中國產業結構升級換代和促進現代服務業快速發展的戰略決策。(見第4章)

(2) 本研究選取內地除西藏之外的30個省級行政區的時間跨度從2001年到2011年的數據,採用變截距固定效應面板數據模型,分別對增值稅、營業稅和增值稅擴圍改革的經濟效應進行了定量分析,科學地展示了增值稅擴圍改革將對中國的經濟增長產生顯著的正向影響。即擴圍前營業稅和增值稅共同對經濟增長的影響只有33.67%;擴圍後,增值稅的影響程度從以前的16.51%增加至44.11%。(見第5章)

2 中國增值稅的改革歷程及國際比較

中國的增值稅改革是伴隨著改革開放的逐步實施、計劃經濟向市場經濟逐步發展而不斷建立和發展完善起來的。根據中國增值稅的改革步伐，本書將中國的增值稅發展狀況分為三個階段。第一次改革階段（1980—1993 年），又可以稱為增值稅試行階段，只在個別地區、個別行業引進增值稅做嘗試性探索。在此階段，中國引進增值稅的目的在於改造舊的工商稅制，排除重複徵稅的弊端。第二次改革階段（1994—2008 年），又可稱為全面推行階段，決定從 1994 年起普遍實行增值稅。自此，增值稅成為中國稅收體系中的主體稅種。第三階段（2008 年至今），我們稱之為「轉型擴圍」階段，其標誌是經過理論界多年的討論，國務院於 2008 年 11 月 5 日出抬《中華人民共和國增值稅暫行條例（修訂草案）》，決定從 2009 年 1 月 1 日起在全國範圍內，由過去的生產型增值稅轉型為消費型增值稅。其目的是排除兩稅並存帶來的弊端，建立現代型增值稅制度，適應經濟全球化的發展趨勢。中國於 2012 年 1 月 1 日起在上海試點增值稅擴圍改革，並於 2013 年 8 月 1 日起在全國範圍內實施增值稅擴圍改革。

本章主要通過回顧中國增值稅的發展歷程，梳理中國增值稅改革步伐，同時對世界上實行增值稅的主要國家進行稅收制

度、徵收制度以及反避稅制度的比較，為中國增值稅擴圍改革尋求理論支撐和實踐借鑑，探討中國增值稅改革依舊存在的問題，論證中國進行增值稅擴圍的必要性、可行性以及改革方向。

2.1 增值稅試行階段：改革工商稅（1980—1993年）

1980—1993年為中國增值稅第一次改革階段，又稱試行階段。其改革的主要內容為改革工商稅。其又可以細分為兩個階段：第一階段為1980—1982年，即為嘗試性引入增值稅階段，只是在上海、長沙、柳州、株洲、瀋陽、青島、西安等城市選點試行，而且僅限於機器機械、農具加工和部分日用品等個別產品。第二階段為全國範圍試點階段，但其試點的行業也僅僅限於五個稅目12種產品。

1. 選點試行階段（1980—1982年）

1978年十一屆三中全會確立了改革開放政策，對內進行了經濟體制改革，使單一的公有制經濟發展成為以公有制為主體、多種所有制經濟並存的經濟體制。同時在全國範圍內施行專業化分工生產。但是中國依然施行的是傳統的貨物和勞務稅收制度，對內施行工商稅，對外施行工商統一稅。其最大的弊端在於上一環節已經繳納過稅收的產品在下一環節仍要進行納稅，其稅收負擔隨著生產經營環節的增多而遞增。企業每擴張一種產品就增加一道稅，從而導致企業進行「大而全」的落後生產方式，與當時國家鼓勵的專業化分工格格不入。因此，在此背景下，風靡國外的增值稅因具有可以抵扣上一環節已納稅款從而避免傳統流轉稅重複徵稅的獨特優勢而引起國家稅務總局關注。1979年3月，財政部明確提出：實行增值稅制度可以解決

工商稅重複徵稅、稅負不公的問題。至此，在中國實行增值稅的序幕拉開了。

自1979年下半年開始，中國首先從湖北襄樊開始，隨後上海、柳州、株洲、青島、沈陽等各地相繼開始了增值稅試點。在各地的試點過程中，國家對於試點改革提出若干試行原則，但並沒有制定統一的試點辦法，因此在各地的試點過程中出現了不同的增值稅執行特點。如湖北襄樊按照「加法」的辦法，將各項增值額加總起來作為徵收依據。其他各地則大多採用現今的「減法」辦法，將總收入扣除規定扣除項目。從試行行業來看，試行僅針對機器機械、農業機具兩個行業進行徵收。

該階段最大的貢獻在於增值稅的引進，從而減少了重複課稅問題，促使了專業化分工，為中國改革開放及新的稅制改革奠定了基礎。從試點的結果來看，證明用增值稅辦法排除重複課稅問題是成功的，從而增強了擴大試點範圍的信心和決心。

2. 全國試點階段（1983—1993年）

經過1979年至1982年的局部選點試行，增值稅在發揮避免重複徵收、促進行業專業化分工方面的優勢凸顯。財政部規定從1983年1月1日起在全國範圍內試行增值稅。由此，中國的增值稅試點進入了全國試行範圍，由不統一的各地試點辦法過渡到全國統一的試點辦法。

此次一定範圍內全國統一試點，主要對增值稅徵收範圍、徵收辦法、稅率、抵扣範圍等進行了統一，主要針對當時生產環節比較多、行業產品多、工業改組多的行業進行試點。其目的：一是克服生產環節多的行業所產生的重複徵稅現象；二是當時工業改組大多從這些行業入手，對於稅收上產生的種種弊端反應較為強烈，需要及時排除種種弊端；三是生產這些產品的用戶多，可以及時發現試點過程中產生的問題。因此針對試點行業的特徵，在全國範圍內選擇機器機械及其零配件、農業

機具及其零配件、縫紉機、自行車、電風扇五個行業進行試點，並且採用了不同的增值稅稅率。其中機器機械及其零配件的稅率為10%；農業機具及其零配件的稅率為6%；縫紉機的稅率為12%；自行車的稅率為16%；電風扇的稅率為25%。扣除辦法則採用「扣稅法」和「扣額法」。「扣額法」是指對銷售額中允許扣除的項目先進行扣除後再徵稅。「扣稅法」則是指先按銷售額全額納稅，後對可允許抵扣的項目已納稅額再進行抵扣。

值得一提的是，1984年中國稅制進行了較大幅度的改革，其中內資企業由原來實行的工商稅變為營業稅、增值稅、產品稅和鹽稅四個稅種，外資企業仍然徵收工商統一稅。其中產品稅和增值稅都是在生產環節徵收的稅種，但是產品稅按照銷售金額進行徵稅，而增值稅則可以進行抵扣。由此，在工商稅進行改革之後，逐年將部分徵收產品稅的稅目納入增值稅的徵收範圍。到1993年年底，徵收產品稅的僅僅剩下菸、酒、化工產品、成品油等少數稅目，其餘稅目均納入了增值稅徵收範圍。增值稅與產品稅之比已經轉化為53：47。

總結中國自1979年下半年開始的選點試行增值稅到1993年多範圍、多行業統一試點增值稅，其目的主要是排除當時產業改組過程中產生的重複課稅現象，促進專業化分工。但雖名為增值稅卻與國際上通行的增值稅仍具有較大差別，主要體現在：①實施範圍不夠廣，只是在特定工業領域進行徵收，對另一部分工業品則徵收按照全部銷售額全值進行徵收的產品稅，對商業批發、零售產品及勞務則按照營業稅進行徵收。②針對徵收增值稅的產品也只是在特定的生產環節單一徵收，沒有實現多環節徵收，從而增值稅「環環相扣」的鏈條就無存在之實，真正做到「中性」也無從談起。此階段的改革只是排除了部分行業重複徵收的特點，而沒有真正體現增值稅特有的「環環相扣」「環環相抵」的中性優勢。

2.2 增值稅全面推行階段：現行增值稅（1994—2008年）

2.2.1 背景與概況

1992年中國經濟體制確立了向市場經濟轉軌的目標，但中國的經濟體制仍然處在計劃經濟和市場經濟並行存在、交叉運行的時期。中國仍實行的是內外兩套不同的稅收制度：對內資企業實行的是產品稅、增值稅、營業稅、鹽稅，而對外資企業徵收的是工商統一稅；內資企業不同企業性質實行不同的企業所得稅，外資企業又適用另外一套外資企業所得稅。為促進統一市場的形成，1994年稅制改革不僅要為內外資不同性質企業之間提供公平的稅收制度，也應減少國家通過稅收等政策對企業日常經營的干預，從而使稅收統一性、權威性、普遍性、針對性、靈活性的特點得以發揮。因此，中國稅制在1994年進行了第二次改革，而增值稅改革是其中改革的核心，從而建立了相對規範、統一的稅制。這次改革形成了中國目前增值稅的主要制度。其稅制改革特點主要體現在以下幾點，增值稅改革也是在如下幾點的要求下進行相應改革的：

1. 滿足市場經濟的需要

市場經濟要求稅法統一、稅負公平、稅制簡化、分權合理。在改革前，國內國外稅制、國內不同性質企業稅制不統一，從而造成內外資企業、不同性質企業稅負不同；稅制過於繁雜，不便於徵管；中央與地方的收入分配不合理，不便於理順分配關係，不能適應市場經濟的要求。因此必須進行改革。

2. 加強宏觀調控的需要

市場經濟和宏觀調控是經濟運行中的「兩只手」，缺一不可。特別是在中國剛剛確立向市場經濟轉軌的初期，為保證國民經濟快速、協調、健康地發展，國家採取經濟的、法律的乃至行政的手段進行宏觀調控是必不可少的。而稅收是國家實施宏觀調控的重要手段。因此，建立一套新的、完善而健全的稅收制度，對經濟運行施加影響並適當干預，對於解決當前問題及長遠規劃都是十分必要的。

3. 與國際慣例接軌的需要

市場經濟是開放的經濟。中國經濟是國際經濟的組成部分，中國市場經濟體制的建立，必然要求建立一套與國際慣例相適應的稅收制度。因此，為利於中國改革開放的進一步深化以及市場經濟的建立，必須按照公平稅負、中性、透明的原則建立內外一致的稅收管理制度。

為此，1994年中國稅制在第二步利改稅基礎上實施了全面改革。當時工商稅制改革的主要內容為：重點改革增值稅，適當改革營業稅；開徵消費稅；統一內外資個人所得稅；取消針對外資的工商統一稅；分別統一了內資企業所得稅和外資企業所得稅；統一房產稅及車船使用稅；改革城市建設維護費；撤銷一些零星稅種；將鹽稅並入資源稅中。

在此次稅制改革中，增值稅改革無疑成為改革的重點。中國現行增值稅也體現了此次改革的主要特點。其主要內容有：

（1）擴大徵收範圍。原稅制只是在個別產品的生產階段徵收增值稅。改革後的增值稅擴大了原增值稅的徵收範圍，從個別工業產品擴展到全部工業產品，另外由生產階段擴展到生產、批發、零售環節。這不僅使生產不同產品企業的稅收統一，同時也是按照國際普遍徵收的慣例進行改革，從而遵循增值稅「普遍徵收」的特點，有利於增值稅優勢的發揮。

（2）簡化稅率。原增值稅按照產品不同設置了多檔不同稅率。這不符合簡化稅制的特徵，也不利於公平稅制的建立。因此此次改革增值稅只設置了17%、13%以及零稅率三檔稅率。

（3）價內稅改為價外稅。原增值稅是商品價格的組成部分，稅金包含在價格之中，按商品含稅價格計徵增值稅。改革後的增值稅為價外稅，稅金不構成商品價格，按不含稅金的銷售額計算銷項稅金。

（4）統一計稅方法。原增值稅抵扣採用「扣額法」和「扣稅法」，沒有做到完全統一。改革後增值稅使用全國統一增值稅專用發票，按增值稅專用發票的票面金額進行稅額抵扣，防止利用增值稅進項稅額少繳稅、多抵扣的不法行為產生。

（5）劃分一般納稅人和小規模納稅人。對於會計核算健全、生產規模達到規定的按照一般納稅人實行憑增值稅專用發票開具銷售聯和抵扣聯進行依法納稅。將規模較小、會計制度不健全的確定為小規模納稅人，按規定的徵收率簡易辦法徵收增值稅，降低納稅人的繳納成本。

這次改革是新中國成立以來規模最大、範圍最廣、內容最深刻的一次稅制改革。經過這次以公平稅負、簡化稅制為核心的改革，中國建立了以流轉稅和所得稅為主體、其他稅種相配合的複合稅制。中國已經初步建立了適應社會主義市場經濟體制需要的稅收制度，對於保證財政收入、加強宏觀調控、擴大改革開放、促進經濟發展，起到了重要的作用。此次工商稅制的改革使中國增值稅進入了全面推廣階段，成為中國商品勞務稅中最主要的稅種，也確立了中國增值稅主體稅種的地位。新的增值稅改革使地區間、企業間、行業間、產品間的稅收負擔進一步趨於公平，使中國增值稅進一步向「中性化」調控方式轉變，發揮了市場機制作用和稅收槓桿作用的一致性；使得中國增值稅與國際慣例進一步接軌，也為中國增值稅向現代增值

稅方向邁進奠定了基礎。

2.2.2 現行增值稅的特點

中國的增值稅經過1994年稅制改革確立了增值稅主體稅種的地位。中國現行增值稅的主要特點也在此次改革中顯現。同時增值稅經過30多年的運行及不斷完善，統一了內外資企業不同的流轉稅收體制，公平了稅負，創造了良好的稅收環境；增加財政收入功能不斷體現，增值稅已成為政府組織財政收入的主要稅種來源。目前中國形成了較為穩定、健康運行的增值稅運行體制，呈現如下幾個特徵：

（1）中國現行增值稅具有選擇性和不定型的特點。具體表現在：①徵收範圍是有選擇性的。中國增值稅只對銷售貨物、加工修理修配勞務、進出口業務徵收增值稅，對於大部分勞務及銷售不動產及無形資產徵收營業稅。在中國呈現增值稅和營業稅並行徵收的特徵。②抵扣範圍具有選擇性。每項業務的抵扣範圍是由稅法具體規定的，在稅法規定之外的購進項目則不允許抵扣。在中國生產型增值稅轉型為消費型增值稅之後，也只得抵扣外購機器設備，對於外購不動產則不允許抵扣。③不定型則表現在出口環節實行按照退稅率進行退稅，在增值稅中間環節和進口環節則採取多種特殊的稅收優惠措施。

（2）中國增值稅納稅人區分為一般納稅人和小規模納稅人。按照《一般納稅人認定管理辦法》，工業企業應納稅銷售額在50萬元以上、商業企業應納稅銷售額在80萬元以上的為一般納稅人，低於此規定的為小規模納稅人。小規模納稅人按照3%的徵收率按照簡易徵收辦法進行納稅，雖然繳納增值稅，但是不得開具增值稅專用發票，不允許抵扣進項稅額，實和營業稅無本質差別。

（3）中國現行增值稅是共享稅，中央和地方分別享有75%

和25%的稅收收入。增值稅的徵收則由國家稅務機關和海關負責。國家稅務機關負責國內增值稅徵收，進口環節增值稅則由海關代徵。增值稅稅收收入在國家稅務機關和海關徵收之後再按照該比例撥付地方政府。

（4）中國增值稅發票採用增值稅專用發票制度，由國家稅務機關統一印製增值稅專用發票，且採取較為嚴格的發票管理制度。企業根據經營規模申領發票，小規模納稅人不得開具增值稅專用發票。

（5）中國一般納稅人增值稅稅率實行三檔增值稅稅率，即17%、13%、零稅率。小規模納稅人則按照3%徵收率統一納稅。

2.2.3　現行增值稅存在的問題

雖然中國的增值稅在運行30多年的過程中經歷了從無到有，從部分地區到全國，從極少行業到較多行業，從不統一到統一的發展歷程。但是由於中國現行增值稅的形成是在不同的經濟階段的特殊背景下產生的，每次改革都遺留有當時背景的痕跡，都有向當時特殊歷史情況「妥協」的因素存在。這種不完整型增值稅特徵與當今中國新的經濟背景和發展趨勢有不適應、不吻合之處。與國際上實行完善、嚴密、簡化的現代型增值稅相比，中國增值稅凸顯如下幾個改革不到位的特徵：

1. 增值稅內控式鏈條斷裂

增值稅之所以風靡全球，其原因在於增值稅有一套自我制約、自我監控的內控式鏈條，從而保證增值稅可以自我保持中性原則。其原理如下：增值稅採取的是「道道徵稅、道道扣稅」的徵稅原理。即第一環節納稅人向第二環節納稅人收取增值稅額並作為銷項稅額繳納稅款，第二環節納稅人向第三環節納稅人收取增值稅額作為銷項稅額納稅，同時針對第一環節納稅人向自己收取的銷項稅額可以作為本環節的進項稅額進行抵扣，

即對在第一環節已納稅額不進行重複徵稅。如此反覆，直到最終消費者環節，增值稅所繳納稅額因為最終消費者不再進行生產不能得到抵扣而使最終消費者成為最終負稅人。同時因為本環節的銷項稅額就是下環節的進項稅額，在各國普遍採取憑票抵扣的方式下，如果銷項稅額故意少開，那麼可以抵扣的進項稅額就減少，下環節納稅人則往往不會犧牲自己的利益。因此在這種一環扣一環的相互制約機制下，增值稅不僅避免了重複徵稅，而且因其內在的這種鏈條機制而自我保持中性。但是增值稅的這種優勢必須是在環環相扣的鏈條機制下才能實現。試想如果把增值稅的鏈條比作正在運轉的機器，如果機器的某個齒輪斷掉，那麼機器還能否正常工作？即便能正常工作，其運行效果和對機器壽命的損害是否會值得懷疑？現行增值稅存在一些問題，導致了增值稅鏈條斷裂，齒輪損害。齒輪雖然在轉，但卻吱吱作響，並且很可能對另外的齒輪造成損害，也很可能損害整個機器（此機器意指整個稅收體制）。

導致中國增值稅鏈條進一步斷裂的問題有：①目前中國主要針對工業和商業徵收增值稅，對服務業及大部分勞務徵收營業稅。工商業與服務業和勞務不是割裂開來相互沒有影響的，而是在產業分工越來越細的經濟發展背景下，各個產業之間的聯繫越來越密切。人為地對不同行業徵收不同的稅種，從而導致進項稅額不能抵扣，不僅不利於產業發展也不利於增值稅鏈條的完整性。②一般納稅人與小規模納稅人的劃分使得一般納稅人能夠憑票抵扣，而從小規模納稅人購進貨物不能夠得到抵扣，同樣隔斷了增值稅鏈條的完整性。③存在過多的稅收優惠措施。中國從生產資料到生活資料，從各個生產環節到各個行業均有多種多樣的優惠措施，有免稅優惠，有即徵即退優惠，有先徵後退優惠，有低稅率優惠等，使得增值稅鏈條在享受優惠措施的企業與不享受優惠措施的企業之間產生斷裂。

2. 稅制複雜化

稅制簡化是現代增值稅的主要特徵。但是中國增值稅卻是複雜化的增值稅，主要表現在以下幾個方面：①稅率的複雜化。中國的增值稅採取了多種稅率。一般納稅人採用17%、13%、零稅率三檔稅率。小規模納稅人採用3%的徵收率，對於銷售使用過的固定資產則按照2%的徵收率進行徵收，同時一般納稅人也存在6%的徵收率以及銷售使用過的固定資產按照4%減半徵收的徵收率。多稅率不僅破壞了增值稅鏈條，影響增值稅中性的發揮，而且給徵收帶來額外成本，也給利用稅法複雜性進行偷稅漏稅提供了便利。②抵扣規定的複雜化。增值稅規定對於稅法規定可予抵扣的項目可以進行抵扣，從而稅法列舉了多項可以抵扣及不可以抵扣的項目，同時對於農產品及運輸業分別採用13%和7%的抵扣率。抵扣方式的複雜化也使得增值稅表現出複雜化的特徵。③稅收優惠的複雜化。中國的增值稅被賦予了更多調節功能的作用，對於不同產業不同地區給予了較多的增值稅優惠措施，從而使增值稅的計徵複雜化。

3. 稅負不公

增值稅本身是中性的稅種，但是在中國具體實行過程中卻產生稅負不公的現象。對於應徵增值稅納稅人，統一劃分為一般納稅人與小規模納稅人。對於小規模納稅人名義上是繳納增值稅，但是由於進項稅額不能抵扣，而是按照3%的徵收率進行徵收，和營業稅無多大區別，且稅基比營業稅大。只要是對應徵增值稅納稅人，不管銷售額大小一律進行徵收。從而這不僅使一般納稅人和小規模納稅人之間產生稅負不公現象，在應納增值稅和應納營業稅納稅人之間也產生不公平現象。

2.3 增值稅規範化改革階段:「轉型擴圍」(2009年至今)

2.3.1 背景與概況

經過第一次增值稅改革,中國改造了舊的工商稅制,排除了重複徵稅的弊端。1994年的增值稅改革,對增值稅進行了最大範圍的改革,擴大了增值稅徵收範圍,並實現了多環節納稅,採取價外稅,實施憑票抵扣的增值稅專用發票制度。但是第一次改革從實質上講,並不是完整的增值稅改革,只是對消除產品稅部分重複徵稅的改進。第二次改革仍採取了一些不完全符合市場經濟規律的做法,如增值稅與營業稅交叉運行、施行生產型增值稅等。因而,歐洲的增值稅專家認為中國的增值稅應歸類於一種不完整型增值稅。在這種背景下,中國進入了增值稅規範化改革階段,其目的主要是消除中國1994年增值稅改革所遺留的改革弊端。其改革的內容分為增值稅轉型改革和增值稅擴圍①改革。其中中國已於2009年1月1日起在全國範圍內實施了由生產型增值稅轉變為消費型增值稅的改革,但改革還未徹底,對於外購的不動產仍然不能進行抵扣,需要進行二次轉型;中國已於2012年1月1日起在上海試點增值稅擴圍改革,目前擴展到全國10個省市,並決定從2013年8月1日起在全國範圍內實施增值稅擴圍改革。中國增值稅的發展正向著規範化、

---

① 增值稅擴圍,簡單而言就是指對增值稅擴大徵收範圍,即將一些原來交營業稅的項目,改交增值稅。本次增值稅擴圍主要是將交通運輸業、建築業、郵電通信業、現代服務業、文化體育業、銷售不動產、轉讓無形資產、金融保險業和生活性服務業等營業稅改徵增值稅。

現代型的增值稅方向發展。

　　第一階段：增值稅轉型階段。1994年中國增值稅改革是在經濟體制轉軌階段建立的，保留了一些適應體制轉軌要求的特殊規定，如實行生產型增值稅。隨著中國市場經濟體制的建立和經濟發展，生產型增值稅不得抵扣購進固定資產，阻礙了中國企業設備更新換代，不利於提高企業現代化生產水平等劣勢不斷凸顯。因此隨著中國增值稅的不斷完善，「轉型」要求呼之欲出。2004年7月1日，中國首先在機器設備較多的重工業基地——東北地區開始了由生產型增值稅向消費型增值稅轉型的過渡性試點改革，後續分別擴大到中部地區以及內蒙古及汶川受災地區；2008年11月5日，國務院頒布修訂後的《增值稅暫行條例》，該條例規定自2009年1月1日起，在全國範圍內實施增值稅轉型改革。至此，經過多年的理論討論和實踐試點，中國增值稅成功由生產型增值稅轉型為消費型增值稅。但改革並不徹底，對於外購的不動產不得進行抵扣，因此需要繼續進行增值稅二次轉型，使其成為徹底的消費型增值稅。

　　第二階段：增值稅擴圍改革階段。增值稅轉型完成後，另一重要改革趨向是擴大增值稅的徵收範圍。現代增值稅的一個重要特點是盡可能地把所有商品和勞務納入增值稅徵稅範圍，從而保證「鏈條」的完整性，保證增值稅「中性」的發揮。中國於1994年稅制改革時雖然在原有基礎上擴大了增值稅徵收範圍，但是仍然保留了增值稅與營業稅並行徵收的辦法，對銷售貨物，加工、修理修配勞務，進出口貨物徵收增值稅。而對大部分勞務及銷售不動產及無形資產徵收營業稅。這人為地截斷了增值稅的鏈條，使得部分企業稅負不公，與現代增值稅的要求也不相符。因此為建立與國際接軌的現代增值稅制度，增值稅擴圍是不二選擇。

　　《中共中央關於制定國民經濟和社會發展第十二個五年規劃

的建議》指出,「十二五」期間要「擴大增值稅徵收範圍,相應調減營業稅等稅收」;國家稅務總局公布的《「十二五」時期稅收發展規劃綱要》同樣把增值稅擴圍作為其中一個要點。在此國家政策支持下,上海率先將交通運輸業及部分現代服務業納入增值稅徵收範圍,進行增值稅擴圍改革試點;隨後又有北京等10個省市被納入增值稅試點範圍。由此中國進入增值稅「第三次」改革階段,向現代型增值稅又邁出了一大步。

2.3.2 擴圍改革的必要性

1. 增值稅擴圍有利於增值稅鏈條的完整

規範的增值稅是對各個行業、各個環節統一徵稅。增值稅統一扣稅才能做到真正的相扣相抵從而體現其他流轉稅所不能體現的中性原則。相反,任何不能抵扣的部分都會產生重複課稅。在增值稅徵收範圍覆蓋不完整的情況下,一部分產品或勞務被排除在增值稅的徵收範圍之外,生產該產品或提供該勞務的企業不能得到抵扣,與該產品或勞務發生聯繫的企業購進該產品也不能得到抵扣,被排斥在鏈條之外造成重複課稅,違背增值稅中性、公平的原則。換言之,增值稅徵收範圍越窄,增值稅鏈條越不完整,對增值稅中性的破壞性越大。擴大增值稅徵收範圍有助於彌補增值稅鏈條不完整,保證中性原則的發揮。

2. 增值稅擴圍有利於消除增值稅與營業稅交叉運行帶來的弊端

中國目前實行增值稅與營業稅並行徵收、交叉運行。銷售貨物、提供加工修理修配勞務等繳納增值稅,進項稅額可以進行抵扣;而大部分勞務和服務業被排除在增值稅徵收範圍之外,徵收營業稅。這產生了如下種種弊端:①因不同行業徵收不同的稅種導致行業不同稅負不同,與稅制公平負擔原則相違背。擴大增值稅徵收範圍,逐步對流轉過程中的產品或勞務徵收統

一增值稅，則有利於做到行業之間的稅負公平。②增值稅由國稅負責徵收，在進口環節則由海關代徵，營業稅由地稅徵收，與增值稅有密切關聯的城市維護建設稅和教育費附加則由地方徵收，不僅不便於徵收，而且降低了稅收徵管效率，加大了徵收成本。因此擴大增值稅徵收範圍，統一由一個稅務機關來徵收則有利於降低稅收成本、提高徵管效率。③增值稅和營業稅的並行徵收給納稅人帶來利用稅法漏洞偷稅漏稅的便利，特別是對於提供增值稅和營業稅兼營、混合經營業務的納稅人更容易利用政策漏洞來逃避稅收，選擇對自己有利的稅種想辦法少納稅。擴大增值稅徵收可以減少納稅人偷稅漏稅的機會。④增值稅與營業稅交叉徵收會導致國稅與地稅的稅源之爭。擴大增值稅徵收範圍、將兩個稅務機關合併為一或者進行稅收徵管權的明確劃分則可以有效解決這一問題。

3. 增值稅擴圍有利於深化專業分工及產業結構升級

對於增值稅納稅人來說，其提供產品往往需要多種服務和勞務的支持，如倉儲、物流、融資租賃等。因這些服務和勞務都屬於營業稅徵收範圍而不能進行抵扣，從而增加了稅收負擔。因此為了減輕稅收負擔，增值稅納稅人則很可能將該類服務內化，由本部門提供，從而不利於專業分工的發展，造成業務分散、效率低下，影響企業發展。增值稅擴圍將與產品生產相關的服務業和勞務納入增值稅徵收範圍，使本部門生產與外購服務產生的稅負一致，有利於企業專注於本企業核心產品，提高產品競爭力。從世界經濟發展規律來看，服務業隨著生產力水平的提高而在整個國家經濟中所占的比重不斷提高。服務業在三產業中所占比重的多少也是衡量一個國家發達與否的重要標誌。中國經濟經過多年的發展，服務業也在突飛猛進地發展。但是由於服務業在中國沒有被納入增值稅徵收範圍，一方面，服務業購進產品或者服務不能夠進行抵扣從而產生重複課稅，

影響服務業發展；另一方面，其他企業因為使用服務業的服務而不能夠取得進項稅額抵扣，從而使服務內化，同樣不利於服務業的發展。因此從促進專業化分工和產業結構升級的角度來看，增值稅擴圍有利於中國產業進一步專業化發展，有利於促進中國服務業的發展，從而帶動整個經濟的持續快速發展。

2.3.3 擴圍改革的可行性

（1）中國市場經濟體制的確立為增值稅擴圍掃清了制度性障礙。回想中國在進行第一、第二次增值稅改革時，當時所處的計劃經濟及剛剛確立向市場經濟轉軌的經濟體制，導致增值稅改革過程受到經濟體制的制約。如今中國已加入世界貿易組織多年，確立了市場經濟體制，為中國進行增值稅改革提供了制度便利。

（2）第一、第二次增值稅改革為中國增值稅進行第三次擴圍改革提供了經驗。中國增值稅經過30多年的運行發展已初步建立了完整的增值稅制度，相比增值稅前兩次改革，我們的基礎要好很多；同時前兩次改革提供的寶貴經驗也為中國增值稅擴圍改革提供了借鑑意義。

（3）國外增值稅的發展為中國增值稅擴圍提供借鑑。從世界範圍來看，增值稅的建設經歷了一個由不完善到逐步完善的步驟。經過許多國家的不斷完善，增值稅已經由初期的不完整的增值稅逐步發展為歐盟較為完整的增值稅，又發展到以新西蘭、澳大利亞為代表實施的現代型增值稅。從這些國家的運行來看，以徵收範圍全覆蓋為特徵的現代型增值稅不存在技術難題，同時這些國家推行的經驗對中國也具有很好的借鑑意義。

（4）中國增值稅轉型為增值稅擴圍提供了良好機會。中國於2009年由生產型增值稅成功轉型為消費型增值稅。但是這次轉型並不是完整意義上的消費型增值稅，中國消費型增值稅仍

會進行「二次轉型」，將不動產納入增值稅抵扣範圍。目前中國銷售不動產徵收的是營業稅，因此伴隨著增值稅「二次轉型」必將以增值稅擴圍作為前提條件，將為中國增值稅擴圍提供良好的機會。

（5）上海營業稅改徵增值稅的成功試點，為增值稅擴圍提供了寶貴經驗。上海市於 2012 年 1 月 1 日試點增值稅擴圍改革。經過 1 年多的試點，增值稅擴圍在消除企業重複徵稅因素、鼓勵專業化細分和升級換代等方面產生了積極影響，同時試點中遇到的一系列問題也被及時發現並解決，從而為增值稅擴圍在全國和全行業範圍內推行提供了經驗依據。

2.3.4 擴圍改革的探索：上海增值稅擴圍試點及後續改革

《中共中央關於制定國民經濟和社會發展第十二個五年規劃的建議》指出，「十二五」期間要「擴大增值稅徵收範圍，相應調減營業稅等稅收」。國家稅務總局公布的《「十二五」時期稅收發展規劃綱要》同樣把增值稅擴圍作為其中一個要點。財政部於 2011 年頒布了《關於營業稅改徵增值稅試點的通知》。該通知決定在上海的交通運輸業和部分現代服務業中改徵增值稅。上海方案的具體內容如下：

1. 納稅義務人

《關於營業稅改徵增值稅試點的通知》中指出，在境內提供交通運輸以及信息文化、創意服務等現代服務業服務並取得了貨幣等經濟收益的單位和個人為增值稅納稅義務人，取消繳納營業稅。同時在稅改通知中，仍按照中國增值稅納稅人身分認定標準，對增值稅一般納稅人與小規模納稅人進行區分，且規定被認定為一般納稅人後不得轉換為小規模納稅人，與中國原有增值稅制保持了一致。

2. 增值稅率與徵收率

試點改革中，針對一般納稅人與小規模納稅人分別規定了增值稅徵收率與增值稅稅率。具體如下：增值稅徵收率為3%；提供有形動產租賃服務，稅率為17%；提供交通運輸業服務，稅率為11%；提供現代服務業服務，稅率為6%；除此之外按照規定提供其他應稅服務，稅率為零。其在原有增值稅13%、17%、零稅率三檔稅率下增加了6%、11%兩檔稅率。

3. 應納稅額的計算

試點改革中，對於應納稅額的計算，通知規定了兩種計算方法，即一般計算方法和簡易計算方法。一般計算方法主要針對一般納稅人，簡易計算方法主要針對小規模納稅人。一般計算方法為應納稅額＝應納銷項稅額－應納進項稅額。當期進項稅額不足抵扣的，可以留到下期繼續抵扣。對於銷項稅額，按規定仍需將含稅價格換算為不含稅價格。

4. 徵收管理

通知規定，營業稅改徵的增值稅，由國家稅務局負責徵收。

上海增值稅擴圍試點進行以來，截至2012年年底共減稅400億元，企業減負效果明顯，其中有95%企業稅負降低，5%企業稅負增加，其稅負增加的企業數在不斷降低。從2012年8月份起，陸續又有北京、江蘇等10個省市納入增值稅擴圍試點範圍，其試點方案採用上海方案，納入行業主要仍為通常意義上的「6+1」行業。2013年8月1日在全國範圍內將「6+1」行業納入增值稅徵收範圍，並擴大試點行業。可見，增值稅擴圍改革的路線更加明晰，改革決心也更加堅定。

2.3.5 上海擴圍改革方案評析

（1）此次上海增值稅擴圍改革的稅率在原有17%的基礎上增加了6%和11%兩檔稅率。現代服務業由於中間投入較少，主

要為勞務投入，可抵扣的部分也較小，因此採用6%的增值稅稅率。而交通運輸業中間投入部分較多，可抵扣部分也較多，因此採用11%的增值稅稅率。其目的都是保證稅改後行業稅負不增加或減少。多種稅率的存在直接導致了和原有稅制相比增值稅稅制更加複雜，不同行業間的抵扣不盡相同，導致行業稅負大小不一，同時與其他地區的增值稅制度也不能很好地進行銜接。

　　增值稅的稅收負擔目標、徵收管理特點都需要增值稅保持單一稅率。只有採用單一稅率才能保證增值稅中性作用的發揮，只有稅率相同才會使最終產品累積的稅額相同，行業銷項稅額和進項稅額才便於計算。但是採用單一稅率會使政府運用稅收政策調節經濟的手段變弱。從世界範圍來看，採用增值稅的國家有採用單一稅率的，也有採用多檔稅率，最多為5檔，但絕大多數都控制在2到3檔。從世界範圍來看，採用單一稅率或者2到3檔稅率是各國增值稅發展趨勢。此次上海增值稅擴圍改革只涉及交通運輸業和部分現代服務業兩個行業，但是在保證稅負不增加的情況下增加了兩檔稅率。可見保持稅率的簡單和保證企業稅負降低之間還存在矛盾。當增值稅擴圍改革試點地區增多，試點行業增多之後，如在現有增值稅稅制下保證企業稅負的不增重和降低，則增值稅稅率的檔次可能變得更為複雜。因此在後續試點中，需要進一步考慮企業稅負和增值稅稅率檔次之間的矛盾，盡量做到既不過多增加企業負擔，更不能以導致增值稅稅制的複雜化為代價。在這種情況下可以考慮適當降低目前17%的基本稅率，增加1到2檔低檔稅率。

　　（2）此次上海增值稅擴圍試點的目標之一是「保證改革試點行業總體稅負不增加或略有下降」。從上海市官方獲得的數據表明，增值稅擴圍改革整體稅負下降。據上海市財政局介紹，實行「營改增」試點後，大部分一般納稅人稅負略有下降；也

存在小部分一般納稅人稅負略有增加的情況。對於稅負增重的企業，上海採取的措施是實施財政扶持政策，安排專項資金，對因增值稅擴圍改革而使企業稅負有所增加的試點企業，實施財政扶持政策，增加多少扶持多少。

　　增值稅擴圍後，行業稅負的變化主要取決於兩方面。一方面在於稅率提高的增稅效應，即營業稅改徵增值稅後，稅率如果比原有稅率高，則高稅率會給企業帶來稅收負擔的增加。另一方面取決於進項稅額可以進行抵扣帶來的減稅效應，即營改增之後，雖然稅率提高，但是由於在改徵後增值稅稅制下企業可以對購進產品和服務已繳納稅收進行抵扣，因此中間投入產品的抵扣多少直接影響著企業稅負。中間可抵扣部分越多，增值稅的減稅效應也越明顯，企業的稅負降低程度也就越大。因此從整體上來講，營改增後，企業最終稅負的增減主要取決於增稅效應與減稅效應之間的比重。如果增稅效應大於減稅效應，則營改增後企業稅負會上升。反之，進項稅額可抵扣的減稅效應大於增值稅稅率提高帶來的增稅效應，企業稅負就會降低。上海增值稅擴圍改革是在「保證改革試點行業總體稅負不增加或略有下降」的前提下進行的，因此在試點稅制設計時充分考慮到了對企業稅負的影響，增加兩檔稅率也是對不增加企業稅負的保證。同時，上海市財政又對稅負增加的企業實施過渡性財政補貼措施。由此可見，上海市試點對企業稅負相當重視。但是，增值稅擴圍改革推向全國時，筆者認為稅制改革不能僅僅是出於降低企業稅負的目標了。一方面要考慮多檔稅率對稅制完整性的破壞，另一方面，上海市對於稅負增重企業的財政性補貼在全國範圍內是不可取的也是不能持久的。因此下一步擴圍改革應更加綜合考慮各方面影響，進行綜合設計。

　　（3）營業稅是中國的第三大稅種，其稅收收入總額僅在增值稅和企業所得稅之後，營業稅在地方稅收收入中所占比例也

一直保持在 30%~40%，可見營業稅對地方政府組織財政收入的重要性。在上海增值稅擴圍改革中，為維持現行財政政策的穩定，試點政策將原徵收營業稅改徵增值稅後的收入仍歸地方。可以說這種政策只是一種權宜之計。它在一定程度上縮小了地方政府對於營改增的阻力。但是從長遠來看，當增值稅擴圍改革擴大到全國後，這種做法的最大弊端在於擾亂了稅制的統一、規範和嚴肅。因此從全國範圍探討增值稅擴圍改革來看，改革要做到保持稅制的統一，需要對分稅制進行全面改革，重新對分稅的原則與標準進行合理界定和劃分；同時在保持國家的宏觀調控積極有效的前提下，兼顧地方的利益和積極性。

（4）上海是目前中國範圍內唯一實行國家稅務機關和地方稅務機關合併辦公的城市。國稅地稅一家有效地解決了國稅、地稅的稅源之爭，也有效地避免了中央和地方在稅收分配問題上的討價還價，同時提高了稅收的徵收效率，有效地減少了增值稅擴圍改革中的阻力。在目前中國分稅制體制下，中央和地方兩套稅務機關各司其職，分工合作。但是如果增值稅擴圍改革鋪向全國，營業稅合併到增值稅之後，作為營業稅的主要徵收機關，其負責徵收的主體稅種不復存在，其機制和職能也將受到衝擊，其管理職能存在的必要性也會受到質疑。同時，兩套稅務機關的存在，使得企業必須在不同稅務機關分類別辦理不同業務，增加了企業的納稅成本。因此在上海增值稅擴圍試點推廣全國後，需仔細探討國家稅務機關以及地方稅務機關的徵收管理體制問題，積極做好稅改的有效過渡與銜接。

2.4 增值稅制度的國際比較

2.4.1 課徵對象和徵收範圍

課徵對象又稱徵稅對象，是稅法中規定的徵稅的目的物，是區分不同稅種的主要標誌。從各國的課徵增值稅的歷史的發展來看，各國傾向於將「銷售貨物和提供勞務的行為」定為課稅對象。在這裡，銷售貨物主要指有償轉讓貨物的所有權。提供勞務主要指以非實物的形式有償地提供有特殊使用價值的行為，例如餐飲服務、娛樂服務、提供加工、修理修配、運輸服務、金融服務等。

徵收範圍則指稅法規定的課稅對象的具體範圍。被列為課稅對象就屬於該稅種的徵收範圍，未被列為課稅對象就不屬於該稅種的徵收範圍。大多數國家選擇採用徵收範圍廣、抵扣鏈條相對完整的徵收辦法，即包括對貨物和勞務銷售和貨物進口等環節徵收。也有一部分發展中國家採用對銷售和進口貨物徵收增值稅，但對勞務銷售不徵收增值稅或者徵收其他流轉稅的辦法。

世界上多個徵收增值稅的國家往往根據經濟特點和財政政策的不同而實行不同的徵收範圍。具體包括：徵收範圍僅僅局限於工業製造業，此類徵收範圍較小，大部分貨物和勞務沒有納入增值稅徵收範圍，不能夠進行合理抵扣，因此不能夠解決重複徵稅問題；擴展到工業製造和批發兩個環節，與僅僅局限於工業製造業相比，可以在一定程度上消除稅負不公平問題；在工業製造、批發、零售三個環節進行徵收，這種徵收範圍較廣，能更好地平衡本國產品和進口貨物之間的稅收負擔；將徵

收範圍擴展到服務業，即在製造批發和零售環節徵收外對服務業也進行徵收，另外一些國家如歐盟對所有產品包括難以徵收的初級產品也徵收增值稅，是徵收範圍最廣的徵收模式。各國關於課稅對象的基本情況如下：

（1）法國的增值稅的課稅對象是生產者或經營者為了取得報酬而提供的有形動產或勞務的交易行為。包括在國內提供貨物或勞務、在國內從歐盟成員國內購進貨物和新的交通工具、從歐盟成員國以外的國家進口貨物。

（2）荷蘭的增值稅的課稅對象包括生產者或經營者以取得報酬為目的而進行的貨物銷售、提供勞務、從歐盟成員國內購買貨物和從歐盟成員國外進口貨物等交易行為。

（3）新加坡的貨物勞務稅的課稅對象是指在新加坡銷售貨物和勞務的行為。貨物的有關主體是在新加坡境內銷售的，貨物出口或是銷售國際勞務時適用零稅率。在新加坡，金融服務和銷售或是租賃非商業使用的財產是免稅的。

中國增值稅徵收範圍和課稅對象依據的是 2009 年 1 月 1 日《中華人民共和國增值稅暫行條例》的規定。在中華人民共和國境內銷售貨物或者提供加工、修理修配勞務以及進口貨物的單位或個人為增值稅納稅人。《中華人民共和國增值稅暫行條例實施細則》對課稅對象進一步明確：貨物僅限於有形動產；銷售貨物是指有償轉讓貨物的所有權。自 2012 年 1 月 1 日起，中國在上海進行增值稅擴圍試點，隨後北京等 10 個省市被納入試點範圍。中國增值稅開始向徵收範圍廣、抵扣鏈條完整的方向發展。

2.4.2 納稅義務人

納稅義務人是指根據稅法規定直接負有納稅義務的單位和個人，承擔繳納該稅種義務的主體。在實際繳納過程中存在著

納稅義務人與負稅人的差異。納稅義務人直接向稅務機關繳納稅款，負稅人則實際承擔稅款。對於直接稅來說，如個人所得稅，因為所得額不能進行轉嫁，因此納稅義務人和負稅人是一致的；對於間接稅來講，如流轉稅，因納稅義務人所繳納稅款可以通過價格將稅款轉嫁給消費者，從而導致納稅義務人和負稅人不一致。從世界各國徵收增值稅情況來看，增值稅的稅負都進行了轉嫁，納稅義務和負稅人不一致，增值稅的實際負稅人往往是最終消費者。

為適應納稅人經營管理規模差異較大、財務核算水平不一致的實際情況，一些國家按照一定的標準將納稅人分為一般納稅人和小規模納稅人，同時實行不同的徵管辦法。對小規模納稅人施行簡易徵收辦法。中國同樣根據納稅人的銷售額及財務核算水平將增值稅納稅義務人劃分為一般納稅人和小規模納稅人。

增值稅納稅人起徵點制度同樣是增值稅納稅人制度的重要因素。起徵點常以企業在特定時期內的銷售額為基礎。起徵點將增值稅納稅人和非增值稅納稅人區別開，未達到增值稅起徵點的不需繳納增值稅，達到起徵點額度的則需要就全部銷售額繳納增值稅。起徵點制度確保了增值稅管理的有效運作。幾乎所有的國家都有起徵點制度。它的設計要考慮稅收收入和徵管能力，利於稅務主管機關降低行政成本、提高行政效率。同時，起徵點制度也受到廣大小規模經營者的支持，因為他們可以避免遵守高成本的增值稅制度。一些國家以稅收行政管理制度改革為目的引進的增值稅制度的起徵點的設計一般比較高，目的是限制納稅人數量，以確保稅務行政管理效率。中國同樣規定了增值稅起徵點，自 2011 年 11 月 1 日起，中國將銷售貨物和提供應稅勞務的起徵點分別由月銷售額 200～5,000 元、1,500～3,000 元提高到 5,000～20,000 元，將按此納稅的起徵點

幅度由每次（日）150~200元提高到300~500元。

2.4.3 應納稅額和抵扣制度

應納稅額就是指應繳納的增值稅數額。大多數國家採用稅額抵扣法來計算增值稅的應納稅額。稅額抵扣法就是通常所指的銷項稅額減去進項稅額的方法。

各國關於應納稅額的規定大致相同，但是仍有些差異：

（1）新西蘭和英國的相關稅法均規定，應納稅額是指增值稅銷項稅額減去進項稅額。

（2）澳大利亞的勞務稅法規定，應納稅額為某納稅期間的增值稅銷項稅額減去增值稅進項稅額之後的餘額。餘額為正，納稅人需繳納增值稅，如餘額為負數，政府應當將該數目退還給納稅人。

（3）波蘭也是採用的稅額抵扣法，但是只有當購置的貨物或是勞務是用於經營應稅交易時，進項稅額才可以抵扣。

（4）《中華人民共和國增值稅暫行條例》規定，中國對於一般納稅人採用的是稅額抵扣法，對於小規模納稅人採用的是銷售額乘以徵收率的方法，對於進口貨物的情況採用的是組成計稅價格乘以稅率的方法。這是由於中國中小企業所占比重較大，且增值稅在中國發展較晚，才使中國暫行這三種不同的方法。隨著各方面條件的具備，中國也應對所有企業使用統一的應納稅額計算標準。

增值稅進項稅額抵扣制度的關鍵是進項稅額抵扣範圍以及對當期未能抵扣的進項稅額的處理。進項稅額的抵扣範圍除了為提供免稅項目以及非經營性行為而發生的進項稅額外都可以抵扣。各國對其規定略有差異，英國的稅法規定商業贈與和娛樂項目所發生的增值稅進項稅額不能抵扣，歐盟規定非經營性支出所發生的增值稅進項稅額不能抵扣。

進項稅抵扣制度中進項稅額未能在當期抵扣完的，處理方法主要有三種：①一些國家規定是可以退稅的，但是有最低退稅值的規定。如按照德國相關稅法規定，未抵扣完的進項增值稅額經主管稅務機關的批准後是可以退回的。②用於抵銷納稅人應繳納的其他稅種的應納稅額。俄羅斯未抵扣完的進項增值稅額首先是充抵當期其他應繳稅款或以後三個月的應繳納稅款，如沖抵三個月後仍有餘額，可以申請退稅。③採用強制結轉期間的方法，即進項稅額抵扣和退稅的向後結轉期。較多國家規定當期未完全抵扣的進項稅額，可以結轉下期抵扣，結轉期為2到4年。

韓國的抵扣制度更為複雜，採用的是如下抵扣制度：第一季度申報日期必須在4月15日之前，第一季度如有未抵扣完的進項稅額，可以在7月15日之前（即第二季度）抵扣或是退稅，此時第二季度如有未抵扣完的進項稅額，可以和第一季度未抵扣完的進項稅額加到一起，申請退稅，下半年也是這樣的程序。

《中華人民共和國增值稅暫行條例》規定可以從增值稅銷項稅額中抵扣的情況：增值稅專用發票和增值稅專用繳款書註明的增值稅額；購進農產品的情況，農產品買價乘以13%扣除率計算抵扣；運輸發票按照7%的稅率進行抵扣。

《中華人民共和國增值稅暫行條例》規定，當期進項稅額不足以抵扣時，可結轉下期繼續抵扣，抵扣期限為發票日期之日起180天以內。對於超期的未抵扣的進項增值稅將不能抵扣。現行的規定有利於保證稅收收入的籌集，但在一定程度上影響了企業的資金流，降低了中國的企業在國際市場的競爭力。

2.4.4 稅率

增值稅稅率是影響企業稅負的最主要因素，同等稅基下高

稅率必然導致較高的稅負。具體來說增值稅稅率（包括徵收率）和消費者的稅負、國家的稅收收入直接相關。增值稅稅率一般包括標準稅率、低稅率和零稅率。零稅率大多適用於出口商品，低稅率則適用於少數需要特殊照顧的行業。世界各國對增值稅稅率的規定存在一些差異，具體表現在以下幾點：

（1）德國的標準稅率是19%，低稅率是7%，服務和出口貨物是零稅率；

（2）英國的增值稅標準稅率是17.5%，低稅率是5%，書籍報紙雜誌、特定食品、交通服務、處方藥品、新建住宅、出口服務和相關的服務等是零稅率；

（3）新加坡的標準稅率是7%，提供國際服務和貨物出口的是零稅率；

（4）南非採取14%的單一稅率，出口貨物以及相關服務、農產品和基本食品等是零稅率。

目前世界上大多數國家均實行增值稅制度，但是稅率設定的差別較大。中國對於銷售進口貨物以及加工修理修配勞務設定的稅率為17%，小規模納稅人的徵收率為3%，納稅人銷售或是進口農產品、圖書、報紙雜誌、自來水等適用13%的稅率。目前中國增值稅標準稅率設置偏高，低稅率適用的範圍過於廣泛，意味著較大程度的稅收負擔不公平。中國目前亟須改變現狀，借鑑新加坡等國，採用寬稅基、低稅率、高起徵點的徵稅模式，更利於協調增值稅的中性、效率、公平和簡化的原則。

2.4.5 稅收優惠制度

稅收優惠制度是為了實現一定的政策目標，鼓勵一些產業的發展或是降低部分納稅人的稅負而設置的例外規定。稅收優惠是稅收制度的重要部分，具有靈活性和廣泛性，從而對增值稅鏈條造成了一定程度上的破壞。因此理論上最理想的增值

制度不應該有任何稅收優惠規定的存在。稅收優惠的存在是為了克服增值稅的累退性，鼓勵或補貼一些特定的交易項目。增值稅的優惠措施常採用免稅、低稅率、零稅率的方式。

免稅是稅收優惠措施中最常採用的一種方法。對此各國都採取了不同的免稅措施。

（1）法國。法國增值稅中含有免稅政策，且主要針對行業實施；但是對於享受免稅政策的產品和服務，進項稅額不得進行抵扣。

（2）新加坡和澳大利亞也都對免稅政策做出了具體規定，對免稅項目進行一一列舉。如新加坡規定了無家具居住用房的銷售和租賃、金融服務是免稅的。而澳大利亞規定了政府非商業活動、住宅租金、私人出售財產、金融服務、政府收取的各項費用以及雇員的工資是免稅的。

（3）為保證增值稅的完整性和鏈條的連續性，能夠充分發揮增值稅的優勢，新西蘭稅法規定中無免稅項目，在很大程度上保證了增值稅稅制的完整。這是現代型增值稅的主要特點。

中國對農業、醫療機構、部分資源綜合利用產品等多種產品和行為實施了免稅政策。相對來講中國的規定較為複雜，在一定程度上對中國增值稅的完整性造成了影響。

除了免稅政策是稅收優惠措施的常用方法外，採用低稅率和零稅率同樣是世界各國普遍採用的手段之一。低稅率更強調與基本生活消費相關的產品或服務，如食品、醫藥、書籍等。許多國家採用單一稅制，不設低稅率，如新加坡、澳大利亞、新西蘭等國家。歐盟、英國、俄羅斯針對與生活消費品相關的產品或服務實施了低稅率的優惠。中國也採用了低稅率的優惠措施，如對購進農業生產資料等實施低稅率。採用零稅率更強調公益性和基本生活消費的需求。部分不設低稅率的國家，零稅率範圍相對較廣，如澳大利亞、加拿大等。一些國家除了將

出口作為零稅率項目外是不設零稅率的，如新加坡和新西蘭。

　　稅收優惠作為稅收制度和財政政策不可或缺的重要組成部分，相比於財政支出，具有及時、快捷的特點，能夠促使政策性鼓勵和照顧措施及時有效地落實到位。任何改革都會涉及方方面面的利益調整，都需要給予不同群體必要的利益補償，此時就需要稅收優惠措施進行各方利益的協調，從而有利於配合中國經濟體制改革。但是增值稅本身的特點又要求稅收優惠措施越少越好，因此增值稅擴圍後，現行稅收優惠制度是否需要改革，如何改革都是需要謹慎考慮的問題。當然我們從世界各國的借鑑中，也發現稅收優惠措施是普遍存在的。

　　與世界各國進行比較，本書發現中國的稅收優惠措施還存在著如下問題：

　　（1）稅收優惠的範圍過廣、規模過大。在中國目前的稅收制度中，不管是直接稅還是間接稅，幾乎每一稅種都有稅收優惠。而且三大產業、東中西三大區域也都有不同程度的稅收優惠。稅收優惠的條款過多、過雜，增加了稅收制度的複雜性，讓稅收優惠的管理也相對分散、困難。同時稅收優惠的繁雜影響了稅收制度的完整性，也降低了財政預算的約束力。

　　（2）稅收優惠的目標過寬、導向不清。中國的稅收優惠的目標過於多樣化，沒有突出重點；同時目標過於寬泛，也導致不同目標階段出抬不同的稅收優惠政策，而不同階段的稅收優惠政策之間缺乏協調與統一，使納稅人利用不同階段不同的稅收優惠政策鑽法律空子，導致國家稅收收入流失。

　　（3）稅收優惠缺乏有效的管理制約制度。從中國的稅收制度來講，稅收優惠的制定權在中央，管理權限也是集中於中央，省級及以下財政部門只是執行稅收優惠，但同時必須在中央政府的監督之下。但是實際操作中，中央政府對地方的約束力不夠，監督不到位，導致地方為了刺激經濟增長，過度濫用稅收

優惠，對國家權益造成損害。

綜上，稅收優惠措施在我們經濟發展中起著重要作用，對促進行業發展、地區資源合理配置、產業優化升級等方面都具有不可替代性。在增值稅擴圍改革中我們也不能夠做到完全取消增值稅稅收優惠措施，而是應該進一步對稅收優惠措施進行規範，適當採用其他方式減少地方亂優惠的不當行為。只有通過規範稅制，包括規範稅收優惠措施，才能夠保證增值稅稅制的完善，充分保證增值稅優惠措施在國民經濟中發揮應有的作用。

2.4.6 出口退稅制度

出口退稅是指出口國保證本國企業以不含稅價格公平地參與到國際競爭中，對本國企業出口貨物或勞務免徵增值稅，同時退還在國內產生的進項稅額，從而確保出口商品與其他地方的商品相比不會因為稅負的不同而處於競爭的劣勢。

各國關於增值稅出口退稅制度的規定基本一致，但仍有差異：

（1）歐盟的貨物和勞務出口價格不包含任何國內增值稅。它實行零稅率制度，即享受免稅待遇的同時又享受進項增值稅抵扣權的制度。

（2）英國在向其境外出口貨物的時候，也適用零稅率，但是向海外供應服務適用的零稅率規則較多。

（3）俄羅斯的零稅率適用於向其境外出口貨物。向俄羅斯進口的貨物應當繳納增值稅，當滿足增值稅抵扣的條件，進口增值稅可以抵扣。

（4）《中華人民共和國增值稅暫行條例》規定，中國出口也適用零稅率原則。但在實踐中中國的出口退稅率與進項稅率並不一致。同時，出口退稅率被國家作為控制出口速度的宏觀

調控工具，與增值稅內在機制的本質相背離。中國需要向歐盟及其他國家學習，真正發揮好增值稅的中性作用。

2.5 增值稅徵管制度的國際比較

本節將從納稅義務發生時間、納稅期限、發票管理制度三個方面來對各國增值稅徵收管理制度進行比較。

2.5.1 納稅義務發生時間比較

1. 歐盟的規定

歐盟關於增值稅納稅義務發生時間的規定主要是依據第六號指令。根據此指令，歐盟規定「當存在貨物或者是服務供應時，該應稅事項即發生，增值稅應當予以徵收」。此規定指出了納稅義務發生的一般情形，同時針對不同的交付款時間，第六號指令又做出了特殊規定。

2. 英國的規定

英國關於增值稅納稅義務時間的法律依據主要是1994年的增值稅稅法。此稅法將納稅時間定義為「tax point」，譯為「納稅時點」。即在納稅時點內，納稅人必須根據當時規定的稅率依法納稅。

3. 新西蘭的規定

對於納稅義務發生時間，新西蘭定義為「time of supply」，即當貨物或者服務供應商被認定為應當是在供應者或者是受領者出具發票，或者是收取款項較早時間中發生者應當依法納稅。

比較主要國家對於納稅時間的規定，不難發現，雖然各國規定有所差異，但是通常情況下納稅時間發生在如下情況：①發出貨物或者提供服務之時；②開具發票之時；③收到全部

貨款或者收到部分貨款之時。而中國對於納稅義務發生時間的規定與各國大同小異，具體規定如下：①銷售貨物或者提供應稅勞務的，納稅義務發生時間為收訖貨款或取得憑證當天；②進口貨物為進口報關當天。

中國納稅義務發生時間總的原則是不得滯後，直接決定著納稅人銷項稅額的確定時間，直接關係著納稅義務人繳納稅款的利益。

2.5.2 納稅期限比較

1. 歐盟的規定

歐盟對於此項的規定仍然是通過歐盟第六號指令。該指令規定：①納稅申報必須是在各成員國規定的最終期限內提交，且最終期限不得超過每個納稅期滿之後的 2 個月。②關於納稅期，各個成員國不同，可以是 1 個月、2 個月、3 個月，且各成員國可以自己規定具體期限，但是不得超過 1 年。

2. 英國的規定

英國對於納稅期限的劃分則更顯具體化。具體劃分為四種不同的納稅期限，分別是一個季度的納稅期限、一個月的納稅期限、一年的納稅期限以及非標準化納稅期限。不同的納稅人則劃分為 4 組不同的納稅期限。納稅人可以自主申請適合自己的納稅期限。非標準化的納稅期限則是指當會計年度與公曆年度出現不一致的情況下，納稅人可以申請更符合自身財務特點的納稅期限。

3. 新西蘭的規定

新西蘭對於納稅期限主要做出了三種不同的納稅期限規定，即 6 個月、2 個月、1 個月。而不同期限的劃分主要是根據應納稅人的應納稅額不同做出的規定。

通過比較各國納稅期限的規定發現，多數國家以年應納稅

額或者是銷售額的多少作為確定不同納稅期限的依據。一般而言，年應納稅額或者年銷售額較多者適用納稅期限較短，而對於適用於納稅期限較長的納稅人則一般需要預繳增值稅稅款。通過中國與其他各國的比較發現，中國的增值稅納稅期限一般較短，目的主要是保證國家財政，促進財政資金的快速回籠，減輕財政壓力，同時亦可打擊增值稅偷逃稅款，但是納稅期間過短同樣會使納稅人增加納稅成本，因此需要在保證國家財政收入與保證納稅人納稅成本之間保持平衡。

2.6 增值稅反避稅規則的國際比較

逃稅、避稅與稅收籌劃之間的劃分一直具有模糊性。逃稅在幾乎所有國家中都構成犯罪。中國稅法規定，逃稅亦為犯罪。而對於避稅，是指在法律上利用稅收制度來追求自身利益。避稅者運用法律內的手段減輕應繳納的稅額，被稱為不違法。避稅具有不道德的逃避社會責任和公民權利的兩面性。即應納稅人根據稅法的弊端或者漏洞來達到少繳稅的目的，是國家稅法應極力避免的。因此建立反避稅機制是各國稅務主管部門及法律部門的職責。各國對於增值稅的反避稅有專門的規定，其表述極其相似，且在判斷避稅行為時，都要考慮目的和效果等因素。稅務機關對其都有相應的調整。

新西蘭商品與服務稅法中有專門的反避稅條款規定。它規定避稅的行為包括：①已登記納稅人繳納條款責任的減少；②已登記納稅人繳納稅款責任的延遲；③已登記納稅人退稅權的增加；④已登記納稅人退稅權的提前；⑤提供商品與服務的納稅人應支付對價總量的減少。

加拿大在稅法中同樣引入了反避稅法則，規定「當一個交

易是避稅交易時，該當事人的稅收後果將以在此情況下的合理結果來確定，以便否定除本節外從該交易或包含該交易的系列交易中直接或間接獲取的稅收利益」。並且其對何種方式下屬於避稅交易做出了詳細的規定，使得反避稅法則有可行性。

相比，中國僅僅通過企業所得稅法規定稅務機關有權採用合理恰當的方法對企業不合理的應納稅額進行調整。從中國企業參與國際市場競爭以及國際立法趨勢來看，中國增值稅引進一般反避稅規定在增值稅擴圍改革中是很有必要的。

2.7　國際增值稅實踐對中國增值稅改革的啟示

由於各國的歷史背景和稅制結構的差異，中國在引進增值稅的時候對增值稅制在技術結構、具體制度的選擇方面存在較大的差異。與各國發展和增值稅制度的完善相比，中國落後且不完善的增值稅制度對經濟運行和發展的不利影響日益明顯，級次過低的稅收法律體系也影響了稅收制度的嚴肅性和穩定性。因此，我們有必要在全面瞭解國外增值稅制度的基礎上，通過科學的比較分析，為中國增值稅改革提供借鑑，以利於增強中國企業在國際市場上的競爭力。

增值稅徵收範圍方面。本書列舉的多個國家實行的都是全面的消費型增值稅，其徵稅範圍涉及商品生產與經營的各個環節與領域。這為中國進行第三次增值稅改革，即「轉型擴圍」改革提供了良好的借鑑，也更堅定了擴圍的必要性。

增值稅稅率方面。世界多數國家稅率雖有所不同，但是增值稅的稅率檔次相對都較少，除法國實行四檔稅率和特別稅率外，韓國和日本的稅率檔次都比較少，而且日本僅有一檔稅率。較多的稅率檔次可以對不同行業實行不同的傾斜政策，但影響

增值稅抵扣鏈條的完整性，同時增加徵管難度。因此增值稅稅率檔次的設計應根據中國稅制特徵和經濟特徵進行綜合考慮。

稅收優惠政策方面。除新西蘭外其他所有國家都在增值稅制度中設計了免稅政策，如法國、韓國主要對服務業進行免稅政策，日本對所有小規模納稅人實施免稅，但同時規定納稅人也可以自由選擇放棄免稅權。整體來講，增值稅制度中稅收優惠措施越少越有利於充分發揮增值稅的中性原則，增值稅的優越性越能夠得以體現。相反，如果增值稅稅收優惠政策越多，不僅破壞了增值稅鏈條的完整性，對於整個稅制結構的影響都是巨大的。因此，在增值稅稅制設計中我們將根據實際情況適當地減少稅收優惠，而通過必要的其他措施對應該享受優惠的企業予以支持，盡可能減少對增值稅稅制本身的破壞。

扣稅辦法方面。世界多數國家採用發票扣稅制，如法國與韓國。這種辦法可以做到票與票的環環相扣，避免企業之間的相互串通產生偷逃稅行為，從而起到相互監督的作用，有利於保持稅源的不流失。

綜上，中國在 2009 年 1 月 1 日之前實行的是生產型增值稅，在固定資產投資方面存在重複徵稅的問題，同時相關抵扣鏈條斷裂，不利於徵管。儘管之後中國實行了消費型增值稅，但並不是完全意義上的消費型增值稅，因為企業的廠房等不動產仍是不能抵扣的。這有待於中國增值稅改革進一步完善。中國增值稅目前徵稅範圍較狹窄，以及營業稅的平行徵收，破壞了增值稅的抵扣鏈條，造成重複徵稅的情況。這是中國在 2012 年開展的以上海市為首批試點的針對交通運輸業和現代服務業的營業稅改增值稅進行嘗試的依據。雖然至營業稅完全被增值稅取代仍有很多問題要解決，但是中國的增值稅在優化稅制結構這個大背景下，正沿著國際上增值稅的中性、效率、確定和簡便、公平、彈性的基本原則而努力。世界各國在增值稅徵收範圍、

稅率設計、稅收徵管及稅票管理等方面對中國的增值稅改革都提供了很好的借鑑。

　　中國增值稅改革經歷了一個曲折前進的過程，在中國稅收史上，每一次改革都是為了促進中國稅制更加完善，更加公平，更加能夠充分發揮稅收在增加國家財政收入、調節國民經濟中的作用，更好地促進中國經濟發展。每一次改革也都是經歷了理論界的反覆討論，反覆論證，也經歷了一次次的試點。中國是一個大國，稅制每一點的改變都會牽一髮而動全身，都會對中國經濟體制、企業發展產生很大的影響。因此，對於增值稅的擴圍改革，我們同樣要抱著謹慎的態度，充分論證擴圍的必要性，充分預見擴圍後對企業的影響，對國家財政的影響，對整體經濟的影響。

3 增值稅擴圍改革經濟分析

3.1 營業稅經濟效應分析

3.1.1 營業稅概述

營業稅是指全值流轉稅或者週轉稅,有時又泛稱流轉稅,是對貨物流通、勞務提供過程中就其流轉額徵收的一種稅種。中國營業稅是對在中華人民共和國內提供應稅勞務、轉讓無形資產、銷售不動產的單位和個人,就其營業額徵收的一種商品與勞務稅。營業稅構成了中國三大流轉稅之一。

營業稅是一種古老的稅種,中國早在周朝就有「關市之徵」,之後歷朝歷代都徵收過類似的稅種,其在本質上都是營業稅。營業稅這一名稱在中國最早出現在1928年國民政府頒布的《營業稅辦法大綱》,在新中國成立之前一直作為獨立的稅種而存在。新中國成立後,中國營業稅經歷不斷發展的歷程。在1958年稅制改革中營業稅沒有單獨列示而是被統稱為工商統一稅,在1973年稅制改革中又被稱為工商稅。1984年利改稅改革中,將營業稅從工商稅中獨立出來作為獨立稅種。1993年12月31日,國務院頒布《中華人民共和國營業稅暫行條例》取代1984年國務院頒布的《中華人民共和國營業稅暫行條例(草

案）》。2008 年 11 月 5 日國務院又對暫行條例進行了修訂。至此，中國營業稅作為三大流轉稅之一不斷發展與完善。

3.1.2 營業稅對籌集財政收入的影響分析

營業稅實行多階段、多環節徵收，徵收範圍大、稅基寬，並且不受企業盈利與否、盈利多少的影響，凡產生流轉就要進行徵稅，以商品勞務銷售收入或營業收入作為計稅依據。稅金隨著商品勞務銷售的實現而實現，只要有營業收入或者銷售收入就會有國家稅收收入。因此一方面營業稅具有廣泛組織財政收入的作用，另一方面，組織收入又具有及時性和穩定性。

中國當前營業稅的徵收範圍廣泛，涉及建築業以及絕大部分第三產業行業，不分地域和行業規模大小，只要發生應稅行為並取得營業收入就必須繳納營業稅。隨著中國第三產業的迅速發展，營業稅納稅義務人不斷增多，營業稅稅收收入不斷增加，營業稅同樣對轉讓無形資產和銷售不動產課稅，因此在組織財政收入特別是地方財政收入方面發揮著重要作用。另外，中國營業稅一般按照納稅人營業額全額徵收，而營業稅額不受納稅人成本費用影響，具有穩定性，因此對於保證地方財政收入穩定增長同樣起著重要作用。由此可見，營業稅作為中國三大流轉稅之一，在組織地方財政收入方面發揮了重要作用。

3.1.3 營業稅對企業稅負的影響分析

營業稅的特點之一是營業稅應納稅額不受納稅人經營商品或提供勞務是否盈利以及盈利多少限制，只要發生應納稅行為，產生應納稅流轉額，就以流轉稅全額進行徵收，並且對成本費用不進行抵扣。但從納稅人的實際稅收負擔能力看來，只有抵扣成本費用以及損失之後的純收入才能真實反應一個企業的納稅能力。如同馬克思曾經指出的一個人每天賺 1 角 2 分而繳納 1

分錢稅和每天賺 12 元錢的人繳納一元錢，所繳納比例是一致的，但是對他們生活需要的影響程度卻是不同的。因此對於營業稅的計徵辦法缺乏類似累進稅率所能體現的量能課稅原則，違背稅制公平主義的基本原則。

另外，營業稅屬於傳統的商品與勞務稅，計稅依據是營業額全額，並根據商品與服務的流轉次數徵稅，即商品與服務每流轉一次就徵收一次稅。在現代企業分工日益明顯的情況下，產品在生產、流通過程中經歷了多次流轉，在每次流轉中商品所繳納的營業稅稅額又隨著商品的流通進入下一環節，從而對同一產品多次徵稅，導致重複徵稅增加了產品相關企業的稅收負擔。

3.1.4 營業稅對經濟增長的影響分析

營業稅是對商品或者勞務的收入流量進行徵稅，無論是選擇普遍徵收或者選擇性徵收，都是以商品或者勞務的流轉額全額進行徵收的。營業稅多階段、多環節的徵收方式都會使商品稅負受到流轉交易次數多少的影響。對於一種商品來講，交易次數越少，稅負就越輕；交易次數越多稅負就越重，因此就會導致企業為減輕稅負變成全能型企業，將交易流轉環節進行內化，在本企業內部進行，而專業化分工協作的企業則因為中間產品要進行外購、要與協作單位進行交易從而導致每交易一次稅負就增加一些。這樣就會阻礙專業化分工協作這一市場經濟發展趨勢，增加經濟成本，阻礙宏觀經濟效益的提高。

對中小企業來說，由於受生產規模的限制，往往缺乏定價權因此不能很好地通過稅負轉嫁的形式轉移到下一環節。多次流通多次徵稅的徵稅模式增加了中小企業的稅收負擔，不利於中國中小企業的發展，與中國結構性減稅的目標相違背。同時稅負的增加降低了企業的盈利能力，使得企業沒有更多的資金

進行設備的更新換代和先進技術的引入，與中國依靠科技進步促進經濟發展的目標也相違背。

3.1.5 現行營業稅與增值稅的衝突

營業稅作為中國三大流轉稅之一，稅率設計簡單、整齊，針對九個項目對大多數營業業務適用3%和5%的稅率，對娛樂業實行5%~20%的浮動稅率，稅率較低，保證了不同經營業務的納稅人能夠在一個相對輕稅負的條件下展開經營活動；課稅對象容易掌握和控制，便於計算和徵收管理；徵收範圍廣、稅源充足，在增加地方財政收入方面發揮了重要作用，在很大程度上了貫徹了合理稅負和中性、便利原則。

對比美國、德國等多個國家我們會發現，許多西方國家並沒有嚴格意義上的營業稅，許多國家早已經用增值稅取代了營業稅。而中國營業稅是從工商統一稅及工商稅中獨立出來成為獨立的稅種，還存在一些問題，特別是在中國急切需要調整產業結構、轉變經濟增長方式的形式下，營業稅的弊端也日益顯露。其存在的問題主要表現在以下幾個方面：

（1）重複徵稅現象日益嚴重。所謂重複徵稅是指徵稅機關對同一課稅對象進行一次以上的徵收行為。由於中國營業稅是針對營業額或銷售額進行徵收，每流轉一次就產生一次營業額或銷售額，因此對於企業的重複徵收現象日益嚴重。同時，增值稅與營業稅並存，導致營業稅不能扣除成本費用，營業稅納稅人不僅繳納了多次營業稅，同時也繳納了增值稅。同時營業稅不能進行進項稅額抵扣，使得增值稅納稅人從營業稅納稅人處購買商品或勞務，受讓無形資產及購買不動產時不能進行進項稅額抵扣，最終造成這部分價值的重複交稅。因此，營業稅計稅依據所引起的重複徵稅問題不僅僅涉及營業稅納稅人，也涉及增值稅納稅人。

（2）不符合第三產業發展要求。「十二五」期間經濟社會發展主要目標是促進第三產業發展，促進經濟增長由依靠第二產業向依靠第一、第二、第三產業協同帶動轉變。同時國家把產業結構優化升級重點放在推動服務業發展方面，要求營造有利於服務業發展的政策和體制環境。中國第三產業中，除批發、零售環節外，其他行業均需要繳納營業稅。營業稅稅率雖然大多數為3%和5%，但卻是對營業額全額徵收，加之對流轉額道道課徵，導致服務業稅負相對較重，影響服務業發展。同時，雖然營業稅同一行業雖然適用同一稅率，但不同行業間稅率不同，也導致服務業中不同行業稅負不一致。盈利能力強的行業相對稅負明顯低於盈利能力低的行業，導致大部分資金流入盈利能力強的行業，進而對行業的健康發展產生扭曲作用，破壞產業結構均衡發展，不利於產業經濟的發展。也正是由於企業外購服務不能進行進項稅額抵扣，一部分工業企業將服務內化，進一步阻礙了服務業的發展。

（3）不利於服務業分工協作發展。現代服務業為適應人們對服務多樣化的需求，其主要特點之一就是服務業務由單一化向多樣化轉變，從而使服務業在提供服務時外購比重加大，增值比例降低。而與傳統服務業生產單一、鏈條較短相比，按照全額徵收營業稅進一步加重了精細化分工服務企業的稅負，不利於服務業精細化分工協作發展。

（4）削弱出口產品競爭力。按照國際慣例，各國為了提高本國產品在國際上的競爭力往往採用獎勵出口、限制進口的政策，對於本國出口產品採用免稅退稅辦法，使得本國產品以不含稅價格進入國際市場上進行競爭。對於中國來說，對於應徵增值稅產品，國家在出口環節實行既免稅又退稅的政策。但是貨物與勞務是相輔相成的，生產產品過程中需要使用勞務，提供服務的過程中也需要購進產品。由於營業稅的存在，繳納增

值稅的產品即便在出口環節實行了免稅退稅政策，但在以往從營業稅納稅人那裡購進營業稅應稅服務或勞務，營業稅並不能取得退稅，因此實際上還是含稅價格。而對於完全繳納營業稅的服務或勞務因不是增值稅納稅人，而營業稅作為價內稅就更談不上退稅了。因此，營業稅的存在無論對於產品生產銷售來說還是勞務提供來說都不利於提高該類產品和服務的國際競爭力，不利於中國貿易結構優化升級。

　　增值稅自在法國成功實施後迅速風靡全球，目前全球已有150多個國家和地區實行增值稅。增值稅從本質上來說是中性稅收，能成功避免全值流轉稅所帶來重複徵收的弊端，對企業的經濟行為不會產生扭曲效應。增值稅在公平稅負、促進產業精細化分工、確保出口產品徹底退稅、保持財政收入及時穩定方面具有天然優勢。但是一方面，由於中國在引進增值稅時正處於市場經濟確立初期，經濟發展水平較低，行業之間的關聯程度較低，服務業還不發達，服務業作為中間產品投入和使用的比例不高，因此對服務業徵收營業稅導致的稅收重複現象還不是很嚴重。另一方面，營業稅計徵簡便，便於管理徵收，成本較低；而增值稅對企業財務制度和徵管機關的稽查能力要求都較高，作為可以抵扣進項稅額的增值稅專用發票制度如果監管不力則很容易誘發增值稅大額犯罪導致國家稅收流失。這使得在增值稅實行初期的確發生了大量利用增值稅專用發票偷逃漏稅的犯罪行為。而中國稅務徵管機關由於當時無論是徵管水平還是硬件配置上都還不完善，因此在這種現實情況下，只選擇了對銷售貨物、加工修理修配勞務和進出口貨物徵收增值稅，而對大部分服務業徵收營業稅，並且一直沿用至今。但是隨著中國經濟迅速發展，第三產業的迅速壯大，稅務機關徵收能力和信息化程度的日益增強，中國營業稅與增值稅並行徵收的弊端日益嚴重，導致了稅收效率的損失。

營業稅與增值稅並存，導致增值稅效率損失。「效率」起源於物理學中的力學概念，原是指在利用機械設備進行工作時，所輸出的有用功占所輸入所有功的比例，占比越高說明效率越高，占比越低說明效率越低，引入到經濟學範疇中，則是指產出與投入的比例。一項經濟活動所產生的產出占總投入的比重，越高則是指效率越高，越低則說明效率越低。

稅收效率則是指資源配置的管理效率和經濟效率在稅收問題上的體現，主要有行政效率和經濟效率兩方面內容。行政效率又包括徵稅機關的徵收效率以及納稅人的奉行效率。稅務機關在進行徵稅時會產生一些成本，如人員經費、基建以及稅法宣傳成本、徵收成本、管理成本、稽查成本等。納稅人的奉行效率是指納稅人在依法納稅的情況下所付出的成本，如稅務登記、購置發票以及稅控裝置、聘請稅務顧問、參加稅法培訓等的成本。因此從稅收效率出發，稅制的設計要便於稅收機關徵收，便於稽查，便於納稅人理解和繳納。不僅要使徵管機關的徵收成本盡可能小，也須使得納稅人的納稅成本盡可能低。根本的要求就是保持稅制的簡化和透明度。稅收效率的損失往往會導致稅收收入產生機會成本和超額負擔。因此稅收的經濟效率要求稅制的設計要盡可能不影響納稅人的經濟行為，對經濟產生的扭曲度最小，效率損失度最小。按照西方的消費者剩餘和生產者剩餘理論，在局部均衡和一般均衡條件下，選擇性徵收的銷售稅比一般銷售稅引起的稅收負擔重，差別稅率比單一稅率引起的稅負重。因此，在考慮增值稅效率時，也應盡可能地覆蓋更多產業，盡可能地使用單一稅率以避免對增值稅效率的破壞。

增值稅效率損失主要體現在以下幾個方面：

1. 不符合簡化稅制要求

營業稅與增值稅並行徵收，使得稅制更加複雜。在實務中

存在多種混合銷售和兼營行為，雖然稅法對於混合銷售和兼營行為都做出了規定，但是在實務中很難進行區分或者區分存在模糊現象不僅導致稅制進一步複雜化也增加了納稅人逃避繳納稅款的動機。對於營業稅來講有九個稅目，而且對於不同項目適用稅率也不同，營業稅比增值稅更多更加頻繁地賦予一些行業較多的稅收減免措施，增加了稅收的複雜性，不符合國家提倡的簡化稅制要求。

2. 導致重複徵收現象依然存在

增值稅最大優勢之一在於能夠消除重複徵收，但必須是在整個社會生產環節納入增值稅徵收範圍之中，使整體稅負不受產品的生產與流通環節的影響。但是營業稅與增值稅並存，使得增值稅的稅基不夠廣泛，不僅導致只繳納營業稅的行業存在重複徵稅現象，而且導致與營業稅納稅人發生關聯的增值稅應納稅人在購進營業稅納稅人產品勞務或服務時因不能進行進項稅額抵扣從而同樣產生重複徵稅現象。可見，增值稅重複徵稅現象的嚴重程度與增值稅徵收範圍的覆蓋程度呈正相關關係，即增值稅覆蓋範圍越廣重複徵稅現象越輕，相反，覆蓋範圍越窄重複徵稅現象越嚴重。

3. 導致稅負不公

隨著經濟發展，社會分工日益專業化。增值稅主要作用之一是排除產品重複徵稅，實現稅收中性。而增值稅實現中性必須具備兩大條件：其一就是理論上增值稅應覆蓋所有行業和環節，即所有產品納入增值稅徵收範圍。其二就是增值稅實行統一的稅率。一旦有行業遊離於增值稅徵收範圍之外，由於社會生產各個行業之間存在日益緊密的聯繫必然導致增值稅鏈條破壞，必然使得部分產品和勞務的進項稅額不能得到抵扣，從而產生稅負不公現象。由於中國實行營業稅和增值稅並行，人為地在商品流通領域劃分徵收範圍，而營業稅和增值稅在計稅依

據、計算方法、稅率等各方面都不同，因此導致增值稅和營業稅納稅人以及不同行業的納稅人之間稅負差異顯著，違背了增值稅中性和稅收公平原則。故遊離在增值稅徵收範圍之外的產品和勞務越多，不能抵扣的稅收也就越多，對增值稅中性的破壞也越嚴重，也越導致不同行業、不同產品之間稅負的不公平現象產生。

4. 降低增值稅徵納效率

由於兩稅並存，當營業稅應稅勞務與增值稅應稅服務產生聯繫時，必然地產生增值稅專用發票和營業稅普通發票，也人為地使增值稅專用發票的抵扣鏈條出現斷裂。普通發票的存在也增加了納稅人伺機偷稅行為產生的風險，致使增值稅自我約束機制失靈。如此一來，稅務部門為了保證稅收收入的收繳就必須消耗大量的人力、物力進行實地的檢查，不可避免地導致稅收徵管效率降低。另外，由於營業稅普通發票較難納入全國稅控聯網，相對於增值稅來說防偽能力也較弱，因此利用營業稅發票制度進行制假販假、虛開代開的犯罪行為也比較猖獗，從而使得稅務機關的管理難度和徵稅成本加大。對於納稅人來說，當發生兩種應稅行為時要按照不同的應納稅項目分別造冊記帳、申報納稅也額外地增加了納稅人的費用，降低了納稅效率。

5. 引發國稅、地稅徵管矛盾

中國自分稅制改革後有國家稅務機關與地方稅務機關兩個稅務徵收機關。增值稅屬於中央與地方共享稅，由國家稅務機關負責徵收。而營業稅屬於地方稅，徵收管理權歸屬地方稅務機關。由於增值稅和營業稅徵稅範圍劃分不清以及在實務中存在大量的營業稅與增值稅混合銷售和兼營銷售業務，在實際徵管過程中，營業稅與增值稅交叉徵管，造成了徵管權限的混淆不清甚至衝突。當稅務機關難以界定增值稅與營業稅的徵收範

圍時，很可能會引起國家稅務機關與地方稅務機關為了各自的工作績效，爭相將納稅人拉入自己的管轄範圍，出現爭奪稅源的狀況。基於以上考慮，地方政府在進行招商引資時會優先考慮繳納營業稅的企業，從而影響地區產業結構的協調發展。另外，在增值稅與營業稅相互徵收環節，將會產生國稅、地稅共同管轄的事項。國稅、地稅之間的稅源之爭導致的競爭關係可能使其在需要面臨合作關係時同樣導致合作徵收的效率低下。同時不得不考慮到由於徵收範圍不清可能會出現都不願意進行徵管或漏管的現象，從而導致國家稅收收入的流失。

6. 阻礙新興服務業的發展

促進服務業發展是調整產業結構的核心內容。但是目前中國對於大部分服務業徵收營業稅。一方面，對於徵收營業稅的服務業多次課稅導致稅負增加；另一方面，由於增值稅一般納稅人從營業稅納稅人購買服務時不能抵扣進項稅額而選擇減少和營業稅納稅人的交易，進一步阻礙了新興服務業的發展。同時兩稅並存導致的重複徵稅現象的存在使得最終產品稅負較重。中國正處於經濟轉型和產業優化的關鍵時期。服務業是第三產業轉型和優化的關鍵。對大部分服務業徵收營業稅，將其排除在增值稅徵收範圍之外，使得重複徵稅的現象成為制約其發展的瓶頸。在國際市場上由於不能享受增值稅以不含稅價格進入國際市場上參與競爭，也大大影響中國服務業「走出去」戰略的實現。

中國正處於由傳統服務業向現代服務業轉變的關鍵時期。傳統服務業特點即形式比較單一、產業鏈較短。因此在傳統服務業下，即便營業稅按照全額徵收，也只會增加本企業的營業稅負擔，不會因與其他有增值稅徵收業務的企業發生聯繫而導致本企業訂單利潤等情況的發生。但隨著中國服務業的迅速發展，現代服務業的形式由單一向多樣化發展，與其他各個行業

之間的聯繫也越來越緊密，產業鏈不斷拉長。因此，在這種背景下，如果繼續對現代服務業徵收營業稅，會進一步阻礙現代服務業的發展。

可見，加快生產型服務業的發展對中國順利實現生產結構調整具有重要作用。生產型服務業側重為生產者提供服務，也即意味著生產型服務企業與更多的工業企業發生聯繫。這意味著服務提供者要不斷加大外購比重，不斷加大中間投入。而對服務業徵收營業稅而不徵收增值稅，不僅影響生產型服務業將外購產品內化從而不利於行業精細化分工的協作，降低市場活力，也打壓了服務業的投資熱情，阻礙了產業結構調整的步伐。

3.2 增值稅擴圍改革效應分析

3.2.1 增值稅概述

增值稅同樣屬於流轉稅，但區別於營業稅對營業額全額徵收的特點，增值稅是以商品或勞務流轉過程中產生的增值額為課徵對象。增值稅涉及生產流通的各個環節，實行環環課徵、環環扣稅的徵收辦法，即繳納增值稅應繳稅額時，可對上一環節已納稅額進行抵扣，從而避免了重複徵稅。增值額從內容上講等於淨產值，是工資、利息、租金和利潤之和，相當於商品價值 C+V+M 中 V+M 的部分，是商品價值扣除商品生產過程中消耗掉的生產資料轉移價值 C 後的餘額，即由企業新創造的價值。從商品生產的全過程來看，一件商品最終實現消費時的最後銷售額相當於該商品從生產到流通到市場之後各個經營環節的增值額之和，即增值稅只是對最終銷售額進行徵稅，對流通之前各個環節的徵稅都可以進行抵扣。對於個別生產單位來講，

增值額是應稅貨物或者勞務減去為生產應稅項目而投入的各項非增值項目後的餘額，增值稅只是針對企業的這部分價值徵稅，因此對企業來講，只用負擔增值部分的稅收。

增值稅首先在法國實施。當時法國在未開徵增值稅時，施行的是多階段、階梯式的對商品或勞務全額課徵的週轉稅，導致對中間產品重複課稅，即商品經歷的中間環節越多稅收負擔越重，迫使企業採取與供應商縱向聯合的組織形式，不利於專業化分工協作的發展，阻礙戰後法國經濟的發展。於是法國分別於1954年、1955年在對中間產品免稅的基礎上，將按全額徵收的週轉稅改變為按增值額徵收的方式，對廠商購進的投入品中所含前一階段稅收予以抵扣，分階段全面引入增值稅並取得了成功。

下面分析增值稅擴圍改革效應，即增值稅擴圍改革的經濟影響，主要包括增值稅擴圍改革對財政收入、企業稅負和經濟增長的影響。

3.2.2 增值稅對籌集財政收入的影響分析

增值稅具有稅基廣闊、多環節徵收的特點，從而保證了稅源的充足和穩定。增值稅是對增值額進行徵收的，凡從事生產經營的單位和個人只要在經營過程中產生了增值額就需要繳稅，一種商品或產品無論在生產經營過程中經歷了多少個環節，在每個環節也都必須對增值額進行繳稅。因此無論從縱向還是橫向看，增值稅在保證國家財政收入上都具有穩定性。

從商品流轉的整體結果來看，增值稅就是對商品或勞務的最終銷售額進行徵收。由於採取比例稅率，在稅率達到一定水平情況下，隨著經濟發展和企業銷售額的不斷增長、企業消耗不斷降低，無論商品的中間環節有多少，只要產生銷售額，就應繳稅。這保證了國家財政收入的及時性。增值稅收入規模也

會隨著銷售額的增加而不斷壯大。

由於增值稅實行環環相扣的扣稅原則，在實行憑票抵扣進項稅額的制度下，增值稅徵收過程中會產生納稅人之間互相監督、互相牽制的自動稽查效應，從而有效地防止偷逃稅和隨意地進行抵扣，有效地保證了國家財政收入。

3.2.3　增值稅對企業稅負的影響分析

增值稅實行的是價外稅，以增值額作為計稅依據，只對銷售額中本企業新創造的、未徵稅部分進行徵收，對於已購產品已繳納稅額都可以在本階段繳納時進行抵扣。因此繳納增值稅的生產經營企業只是納稅人卻不是負稅人，是替國家在代付代收增值稅稅款，稅收負擔最終落在消費者身上。因此對於企業來說，不存在重複徵稅而導致稅負增加的情況。

增值稅對企業稅負的公平性主要體現在以下兩點。其一，對同一產品的稅收負擔是平等的，即對於同一產品的生產無論是採用精細的專業化分工進行生產還是採用全能型的企業組織形式來進行生產，只要該產品的最終售價是一致的，那麼該產品所負擔的稅負就是一致的。企業稅負不會因生產經營客觀條件的限制，不會因為採用不同的企業組織形式而產生不同。其二，從行業稅負角度來講，增值額的主要影響因素是企業盈利能力，而增值稅以增值額作為計稅依據，即意味著盈利能力強就多繳稅，盈利能力弱就少繳稅。這與營業稅只是根據營業額繳稅而不是盈利能力繳稅不同，增值稅的稅收負擔同納稅人的負擔能力是適應的，是符合量能課稅原則的。

3.2.4　增值稅對經濟增長的影響分析

影響經濟增長的因素很多，包括投資的增長、技術水平的提高、自然資源的利用程度等都會對經濟增長產生或正或負的

影響。哈羅德-多馬模型強調資本累積在經濟增長中的決定作用，國民收入量和平均儲蓄率決定了投資的多少，因此影響經濟增長的因素是平均儲蓄率和投資效率；新古典經濟增長模型則表示勞動、資本和技術是影響經濟增長的三大因素，認為經濟增長貢獻分別來源於物質資本投入、勞動投入和技術進步；新劍橋經濟增長模型強調了收入分配結構對經濟增長具有重要影響，認為儲蓄由利潤儲蓄和工資儲蓄構成，調整收入分配結構、調節平均儲蓄率可以促進經濟增長。稅收作為經濟政策對經濟增長的影響主要通過兩個方面起作用：一方面通過稅收本身對經濟增長各要素結構產生直接作用，另一方面通過稅收所形成的國家財政收入以及政府資金使用對經濟增長產生作用。增值稅具有寬泛的稅基並且在稅收收入中具有舉足輕重的份額，因此對經濟增長產生著重要影響。本書將從以下三個方面來論述增值稅對經濟增長的作用。

1. 從供給學派的角度來看

供給學派產生於20世紀70年代。供給學派認為稅收收入不僅受到稅率的影響也受到稅基的影響。稅率過高會影響經濟主體投資和工作的積極性，從而抑制投資和市場需求，從而造成稅基的萎縮，不利於稅收收入的增加。因此稅率增加不一定意味著稅收收入的增加，稅率降低不一定意味著稅收收入的降低。

稅收收入的大小和稅基以及稅率有關，通常來講稅率越高，稅收收入越高，但是如果稅率達到一定程度，會導致企業生產積極性的降低從而縮小稅基而導致稅收收入降低。拉弗曲線正是描述了稅收收入與稅率的關係，如圖3-1所示。

圖3-1拉弗曲線表明，當稅率在原點時，即稅率為零時，稅收收入也為零。當稅率為100%時，意味著企業所有收入都將交給稅務機關，因此企業乾脆不進行生產，因此稅收收入也為零。當稅率處於O點與E′點之間時，稅收收入會隨著稅率的增

图3-1 拉弗曲線

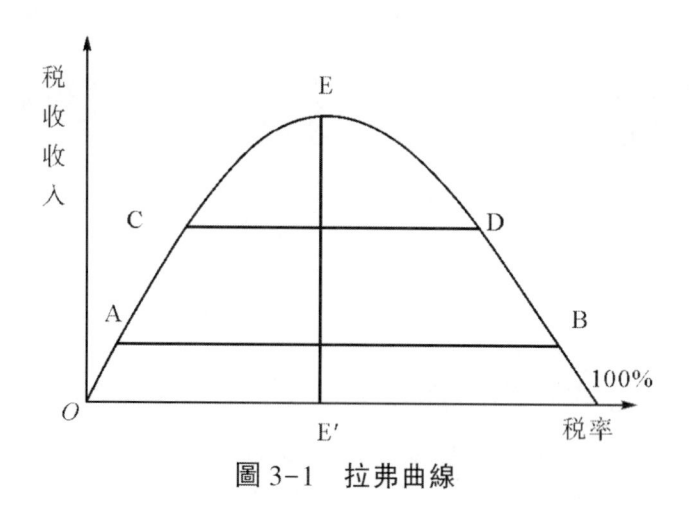

加而增加。當稅率到達 E′點時稅收收入取得最大值 E。當稅率處於 E′點到 100% 之間時，稅收收入隨著稅率的增加而降低。在稅收收入 A 點與 B 點、C 點與 D 點處稅收收入相等。但是在取得稅收收入 A 與 C 時，採用的稅率比在取得同樣稅收收入 B、D 時的稅率要低。因此在取得稅收收入 A、C 時採用「低稅率、寬稅基」政策。而在 B、D 處則採用的是「高稅率、窄稅基」政策。而高稅率、窄稅基意味著效率的損失，是經濟增長產生了極不利的影響，也影響稅收公平性的體現。因此高於 E′點的稅率設計是不合理的設計。

由拉弗曲線看出「寬稅基、低稅率」是稅制設計必須遵循的規則。對於中國增值稅來說，「寬稅基、低稅率」是充分發揮增值稅效率的基礎。擴大增值稅徵收範圍，加大增值稅稅基，降低增值稅稅率，對於完善增值稅、提高經濟效益、促進經濟增長具有重要作用。

2. 從乘數效應來看

乘數效應是宏觀經濟學的一個概念，指的是一種宏觀經濟效應，是指在經濟活動中因為某一變量的增減所引致的經濟總量變化的連鎖反應程度，也是政府用來進行宏觀經濟控制的手

段。其中財政政策乘數指的是財政收支的變化對國民經濟產生的影響，包括財政支出乘數、稅收乘數和平衡預算乘數。

乘數效應是指一個變量的變化引起最終量以倍數增加或減少的速度進行變化，包括正反兩個方面的作用。稅收乘數效應是指稅收變化對國民收入變化的影響程度。當收入增加稅收時，會導致消費需求和投資需求下降，從而致使國民收入以稅收增加的倍數下降。當減少稅收收入時，引起消費和投資增加，從而增加國民收入。稅收收入的多少會對經濟增長產生積極或消極影響。

增值稅是稅收結構中重要的一種稅種，且主要針對流轉過程中的增值額進行徵收。增值稅由於實行道道課徵，因此與經濟活動中的各個行業和產業都發生著緊密聯繫。增值稅稅額大小的變動不僅會對本企業或本產品造成影響並且會產生連鎖反應，對與該產品或該企業發生聯繫的各個企業都會導致連鎖反應。因此在稅收體系中，增值稅比其他稅種更能夠產生乘數效應；增值稅稅負的高低對於經濟產生的積極作用和消極影響也更加顯著。

3. 從增值稅制度特徵來看

與營業稅針對銷售額多階段按照全額徵收營業稅導致稅負隨著交易次數的增加而增加不同，增值稅是對增值額即企業新創造的未徵過稅的那部分價值徵收，對於購進投入品（在消費型增值稅下可以對所有購進品）的已納稅額都可以抵扣，將多環節徵稅的普遍性與按增值額徵收的合理性結合起來。增值稅不因流轉環節的多少而使最終稅負發生變化，只影響整體稅負在各個流轉環節的分配結構，有效地克服了傳統流轉稅按全值計算而導致全能企業稅負輕、專業化程度高企業稅負重的缺點。對於產品來說只要最終銷售額相同稅負就相同，不會因企業組織形式不同、經歷交易次數多少不等而稅負不公。這使企業在

決定組織形式上不受稅收政策的影響，對生產者的決策和消費者的選擇上也不會產生干擾和扭曲作用，客觀上會促進企業按照市場經濟的內在要求向專業化、協作化等企業組織形式方向發展，有利於生產組織結構的合理化，從而促進企業不斷發展壯大和國民經濟的健康發展。

由於增值稅針對增值額徵稅，當經濟繁榮時增值額增多，稅收成比例增加，可在一定程度上抑制經濟增長過旺。當經濟蕭條時，生產衰退，增值額減少，稅收減少，可在一定程度上防止經濟過度衰退。由此可見，增值稅具有對經濟進行反週期調節的作用，對經濟發展起到削峰平谷的作用，發揮自動穩定器的作用，促進經濟平穩發展。

消費型增值稅允許對當期購進的固定資產進行抵扣，就投資主體而言相當於降低了固定資產的投資價格，因此客觀上會刺激投資的擴張。這不僅有利於刺激簡單再生產的投資，而且有可能擴大再生產投資規模；不僅有利於刺激國內投資，也可能吸引國外投資。因此，消費型增值稅有利於固定資本的形成，刺激經濟的增長。

3.3 增值稅擴圍改革符合結構性減稅要求

3.3.1 結構性減稅的內涵

全面減稅著眼於「減稅」，區別於有增有減的稅收調整。結構性減稅的目的在於通過結構性減稅，使納稅人的總體稅負減少。

結構性減稅著眼於「結構性」，即強調有目的、有選擇地減稅。部分行業會選擇降低稅負，也不排除部分行業會增加稅負，

從而達到優化稅制、保持經濟良性發展的效果。結構性減稅與全面性減稅不同，結構性減稅主要是選定特定行業進行減稅，其目的是促進行業發展，進而優化稅制和促進經濟發展。結構性減稅同樣不同於大規模的減稅，結構性減稅除了減少某些行業的稅負外，其主要目的是對經濟結構進行調整。

結構性減稅最初是在2008年美國次貸危機引發的全球性金融危機的情況下，為應對國際突變的金融經濟形勢，中國在2008年12月初召開的中央經濟工作會議中作為重要的積極財政政策而首次提出的。結構性減稅的提出具有最佳時機。首先，「完善稅制、適度減稅」的呼聲不斷。其次，中國稅收總體實力不斷增強。近年來，中國稅收總體實力不斷增強，財政稅收也不會因減稅而大大縮減。因此中國稅收實力的增長保證了減稅政策的有效實施。最重要的是，結構性減稅是優化中國稅制結構的需要。中國現行稅制基本是按照1994年稅制改革的情況來運行的。雖然1994年稅改對於促進中國稅制完善起到了重要作用，但是隨著中國經濟發展以及經濟情況的變化，在稅改中未進行徹底改革的稅制弊端不斷顯露。實行結構性減稅也是完善中國現行稅制結構的需要。

3.3.2 中國實施結構性減稅的必要性

（1）結構性減稅是拉動內需、刺激經濟增長的首要措施。當前世界經濟復甦步伐放緩，擴大外需面臨諸多制約因素。保持中國經濟增長的主要途徑是擴大內需。而從財稅政策角度來說擴大內需主要有兩個途徑，即減少政府財政收入和增加財政支出。結構性減稅能減少財政收入，增加企業利潤，釋放企業發展活力，從而拉動企業效益增長。

（2）結構性減稅是優化稅制結構的必然選擇。中國在1994年稅制改革中確立了流轉稅的主體稅種結構。雖然理論界也存

在中國目前屬於「流轉稅」與「所得稅」為「雙主體」的稅制結構的聲音。但是從實際情況來看,「流轉稅」稅額占到中國稅收收入的 70% 左右, 而「所得稅」稅額只占到 20% 左右。對於完善的稅制結構來說, 以直接稅為主體的稅制結構才是健康的稅制結構, 才能夠真正體現稅收的公平性。因此施行結構性減稅政策也是優化稅制結構的必然選擇。

（3）結構性減稅是轉變經濟發展方式、優化產業結構的必需舉措。改革開放 30 多年來, 中國經濟經歷了飛速發展, 但是在發展過程中, 以工業型拉動經濟發展的模式, 以高污染高能耗、低產值簡單加工的經濟增長方式已經不適應經濟發展的需要。中國迫切需要轉變經濟發展方式, 大力發展高新技術產業、現代服務業。實施結構性減稅是促進中國高新技術產業、現代服務業發展的良好舉措。通過對適應現代經濟發展需要的現代企業進行減稅可以很好地促使該行業的發展, 優化中國產業結構, 使中國經濟走上良性的持續發展道路。

3.3.3 增值稅擴圍改革能夠實現結構性減稅的理論依據

增值稅作為間接稅, 既影響投資, 又影響消費、進出口, 稅收比重在稅收收入中也佔有最大的比重, 因此, 增值稅改革應成為實現結構性減稅的主要政策之一。中國自 2009 年 1 月 1 日開始施行的增值稅轉型就是結構性減稅政策的重要組成部分。從執行效果來看, 增值稅轉型致使中國三次產業的宏觀稅負分別從 2006 年的 0.06%、20.64%、18.46% 調整到 2009 年的 0.16%、21.20%、20.07%, 第二產業稅負明顯下降, 但對第一產業、第三產業的減稅政策欠缺。可見, 增值稅轉型有利於降低重工業等第二產業稅負的降低, 但對於第三產業減輕稅負影響不大, 對第三產業增長缺乏刺激, 減弱了產業結構調整的效應。所以只有將大部分徵收營業稅的服務業納入增值稅徵收範

圍才能切實有效地降低服務業稅負,減少重複徵稅,實現公平稅負,促進第三產業的快速發展。

增值稅擴圍改革之所以能夠實現結構性減稅效果主要得益於增值稅自身特性。按照經濟學原理,只要對社會經濟活動進行徵稅就會影響經濟效率,因此從理論上講完全中性的稅種是不存在的。但是正如上文所分析的,增值稅是目前所有稅種中能夠較好體現中性原則的稅種。正是由於增值稅只是針對增值額徵稅,對於同一產品在之前環節所繳納稅款都可以進行抵扣,因此增值稅稅額不因之前流轉環節的多少而影響稅負的大小。只要產品最終價值一定,企業的稅負就是一定的,不會因流轉環節增多而加重企業負擔。因此增值稅對經濟活動的扭曲作用也最弱。而增值稅擴圍可以有效地將增值稅鏈條加以連接。增值稅擴圍範圍越大,增值稅鏈條就越完整,對企業重複徵稅現象也越弱,能較好地體現稅負公平。

另外,任何一種稅種的良性發揮都需要盡可能地減少對市場價格形成干擾。增值稅作為一種價外稅,其產品的價格是不包含增值稅稅額的。增值稅稅額在流轉過程中不斷進行轉嫁,一直轉嫁至最終消費者由最終消費者承擔,因為企業能很容易將稅收成本進行轉嫁從而使最終消費者承擔稅負。因此進一步擴大增值稅徵收範圍,可以有效降低企業稅負,並提高企業的生產積極性。

3.4 增值稅擴圍改革符合產業結構優化升級要求

3.4.1 產業結構的內涵

傳統社會主義經濟學理論認為產業是指經濟社會的物質生

產部門，包括所有按照資本主義方式經營的部門。一般而言，每個部門都是專門生產和製造某種獨立的產品，因此從傳統社會主義經濟學角度來看，每個部門也可以認為是一個相對獨立的產業部門，如「農業」「工業」「交通運輸業」等。產業是生產性企業、行業、部門的集合，包括生產部門、流通部門、一般服務行業、文化教育業、公務業等。從現代產業經濟學看來，產業是伴隨生產力和社會分工的不斷深化而產生和發展的。產業的內涵也不斷充實，其外延不斷擴展。

產業結構，也稱國民經濟的部門結構，是指國民經濟各個產業內部構成之間以及各個產業之間的聯繫和比例關係，以及它們之間相互制約的經濟聯繫和數量對比關係。研究產業結構，主要是研究生產資料和生活資料之間的關係。從部門來看，主要是研究部門間以及各產業部門內部的關係。

3.4.2 發展現代服務業與產業結構優化升級

現代服務業區別於傳統服務業，是在工業化較發達階段產生的，主要依託高新技術及新興管理理念而發展起來的服務部門。與傳統服務業相比，現代服務業具有如下特點：分工越來越細，越來越多地滿足人們對服務多樣化的需求，外購比重以及中間投入增多，增值比例降低；專業化協作、精細化分工日益明顯，企業為規避風險、實現利潤最大化選擇將資金分散開來投資於多個行業，形成企業綜合經營趨勢，進而形成產業多種業態融合；隨著經濟全球化，國際交流合作日益廣泛，現代服務業呈現國際化的趨勢，正積極實施「走出去」發展策略。

隨著產業結構調整，世界各國已經呈現出向服務型經濟發展的趨勢，現代服務業已成為發達國家參與國際競爭的核心產業。服務業越來越多地成為更多國家的支柱行業；服務業正逐步成為各國產業活動的主導方式；服務業水平的高低成為衡量

一個國家經濟發展程度的重要標誌。長期以來，中國服務業占國內生產總值的比重不僅低於發達國家，且低於一些發展中國家。大力發展現代服務業，提高現代服務業在國民經濟中的比重，已經成為轉變中國經濟發展方式、促進產業結構升級的戰略選擇。這能夠有效地緩解中國面臨的資源緊缺瓶頸，提高資源利用效率，提升綜合國力。大力發展現代服務業，吸納更多的就業力量，滿足人民群眾日益增長的物質文化需要，也是解決民生問題、全面實現小康生活的迫切需要。

3.4.3 增值稅擴圍改革與產業結構優化升級

社會生產力的發展必須使得產業結構從一種低水平狀態上升到高水平狀態，使產業的進步更多地依靠勞動者素質提高、科技進步。產業結構調整在中國現實情況下對於淘汰生產技術落後、高能耗的低端產品，發展高科技含量、高技術支持的現代新型產業具有重要意義。

1. 從發展現代服務業來看，擴圍有利於產業結構優化升級

促進服務業發展對經濟結構轉型具有重要意義。而中國現行稅制依然是按照1994年稅制改革時的現實情況所考慮的。在當時，中國服務業主要還是以生活性服務業為主。服務業主要面對最終消費者，與企業發生聯繫較少，因此在當時徵收營業稅對服務業以及工業影響較小。同時，由於徵收營業稅，當面臨服務業出口業務時，服務業其實是以含稅價格進入國際市場的，因此並不利於服務業開拓國際市場。

隨著中國改革開放的深入，以及人民生活水平的提高，不僅民眾對服務業的需求越來越多樣化，企業對服務業的需求也越來越多樣化。中國服務業經過多年發展也已經正由生活型服務業向生產型服務業轉變。其主要特點就是服務對象主要面對工業企業，和工業行業的聯繫越來越密切，專業化分工越來越

精細。而正如前文所述，營業稅以營業額為計稅依據，不允許抵扣企業已經繳納稅款，從而造成對服務企業的重複徵稅。當現代服務業以生產性為主要特徵時，服務企業外購產業越來越多，作為中間投入進入下一生產環節時，不能作為進項稅額進行抵扣的數額也越來越多，從而造成重複徵稅現象越來越嚴重，進而越來越不利於現代服務業的發展。

現代服務業邊界由於產業融合化發展而越來越模糊。按照中國稅法規定，營業稅按照不同的產品類型徵收，且按照不同服務業務類型使用不同的營業稅稅率，從而導致稅務機關對服務業的納稅徵管變得困難重重，增加了稅務機關徵稅成本。

隨著現代服務業國際化趨勢的出現，國家對服務貿易徵收營業稅。不論是境內企業向境外提供服務或境外企業向境內提供服務，都必須繳納營業稅，即進口服務貿易和出口服務貿易同等均須在中國境內繳稅。增加中國服務業對外服務成本，不利於中國現代服務業「走出去」戰略的實現。而增值稅實行的是消費地徵稅原則，即對進口服務業徵收增值稅，而對出口服務業不僅本道環節不徵收而且對以往環節已納稅收可以予以退稅。因此對服務業改徵增值稅後，可以實現真正意義上的徵多少退多少，從而激勵現代服務貿易業發展。

總之，按照現代服務業精細化分工、產業融合化、服務國際化的三大趨勢，將服務業納入增值稅徵收範圍，實施增值稅擴圍改革都將有利於現代服務業發展，從而提高第三產業在三次產業中的比重，促進產業結構的轉變。

2. 從進出口貿易來看，擴圍有利於促進產業結構優化升級

隨著世界經濟形勢的下滑以及中國資源型產業的制約，中國出口貿易也需從簡單的加工製造品出口向技術含量高、資本附加值高的產品轉移。從進口方面來講，中國也亟須從國外進口先進的機械設備來完善國內企業舊設備、高能耗設備的更新

換代。2009年增值稅轉型，一方面，允許抵扣購進機械設備的進項稅額促進了企業更新設備、加快產業轉型的步伐和積極性；另一方面，取消國外企業進口國內企業產品設備退稅政策，使國內外企業在增值稅減免稅方面享受同等政策，為中外企業提供了平等的競爭平臺，促進了中國企業的出口貿易。但是增值稅範圍不夠廣，使得企業在產品出口時，並不能真正實現完全退稅，其出口環節退稅也只能對繳納增值稅部分進行退稅。而產品在生產過程中不可避免地從營業稅納稅方購進服務或勞務，則這部分稅收不能得到抵扣，導致出口企業依舊以含稅價格參與到國際市場中。這對於減輕中國出口企業稅負，加快出口企業投入資金，加快高新設備投入，轉變到依靠科技進步來促進出口貿易發展是不利的。因此增值稅擴圍有利於減輕出口貿易企業的稅負，從而促進企業向依靠科技進步、依靠勞動者素質提高的發展方式轉變，促進出口貿易向高附加值產業發展，實現產業結構的優化升級。

4 增值稅擴圍改革對行業稅負和財政收入影響的模擬測算

　　2012年1月1日起上海市開展增值稅擴圍試點，拉開了增值稅擴圍改革的大幕。隨後北京、江蘇等10省市被批准納入試點地區，仍然試用上海改革方案。上海開展增值稅擴圍試點以後，對周邊地區產生了一定影響。許多服務業企業把總部遷移到上海。稅收政策的區域性差異加劇了地方政府的稅收競爭。為了獲得這種稅收競爭優勢，各地紛紛申請加入增值稅擴圍試點行列。雖然增值稅擴圍改革涉及制度設計、徵管機構調整、中央和地方財政利益分配、產業發展和產業結構調整等諸多難點問題，但其中最為值得關注的問題是增值稅擴圍改革對財政收入和行業稅負的影響。這也是決定上海改革方案能否全國推廣的關鍵條件。本章採用投入產出法，測算基於上海擴圍方案下增值稅擴圍改革方案推廣到全國後對行業稅負以及國家財政收入的影響，進一步揭示增值稅擴圍改革同產業結構調整之間的關係。

4.1 上海增值稅擴圍方案試點擴大

4.1.1 行業範圍的選取

本書對增值稅擴圍改革對行業稅負影響的模擬測算分別選取了工業行業和服務業行業。工業行業包括採礦業、製造業和電力燃氣水的生產和供應業。工業行業主要包括：煤炭開採和洗選業，石油和天然氣開採業，黑色金屬礦採選業，有色金屬礦採選業，非金屬礦採選業及其他採礦業，農副食品加工業，食品製造業，飲料製造業，菸草製品業，紡織業，紡織服裝、鞋、帽製造業，皮革毛皮羽毛（絨）及其製品業，木材加工及木竹藤棕草製品業，家具製造業，造紙及紙製品業，印刷業和記錄媒介的複製，文教體育用品製造業，石油加工、煉焦及核燃料加工業，化學原料及化學製品製造業，醫藥製造業，化學纖維製造業，橡膠製品業，塑料製品業，非金屬礦物製品業，黑色金屬冶煉及壓延加工業，有色金屬冶煉及壓延加工業，金屬製品業，通用設備製造業，專用設備製造業，交通運輸設備製造業，電氣機械及器材製造業，通信設備、計算機及其他電子設備製造業，儀器儀表文化辦公用機械製造業，工藝品及其他製造業，廢棄資源和廢舊材料回收加工業，電力、熱力的生產和供應業，燃氣生產和供應業，水的生產和供應業，批發和零售業 39 個部門。

針對服務業擴圍行業的選擇參考上海改革方案，主要包括：道路運輸業，城市公共交通業，水上運輸業，航空運輸業，管道運輸業，裝卸搬運和其他運輸服務業，倉儲業，電信和其他信息傳輸服務業，計算機服務業，軟件業，租賃業，研究與試

驗發展業、專業技術服務業、科技交流和推廣服務業、其他服務業、廣播、電視、電影和音像業、文化藝術業17個行業。在進行增值稅擴圍改革對財政收入影響的模擬測算時同樣選擇了上述17個服務業行業。

4.1.2 數據來源與調整

本章分析方法主要採用投入產出表，因此數據主要採用《2007年投入產出表》所列數據。對於行業名稱，除大部分與《2007年投入產出表》保持一致外，本書測算的工業行業包括採礦業、製造業和電力燃氣水的生產和供應業。本書需要的設備工器具投資數據來自於統計年鑒，而統計年鑒中的工業行業劃分比投入產出表的劃分要粗一些。為了保持數據的一致性，本書的行業名稱主要採用了統計年鑒中的名稱，並對投入產出表的相關數據做了調整。

4.1.3 模擬測算方法

增值稅擴圍改革後行業流轉稅稅負是上升還是下降？力度有多大？對中央與省級政府間財力分配有何變化？強度有多大？對此類問題的研究，存在許多不同的技術方法。稅基的估算方法主要有投入產出法、總計法和產業部門法（Jenkins，2000）。投入產出法主要是使用投入產出表中的增加值、存貨變化、出口、進口等數據為基礎，通過對中間投入對免稅產品和服務的購買數據進行調整，計算稅基；總計法是利用統計年鑒中的GDP數據為基礎，通過對進口、出口、資本、中間購買的免稅產品和服務的調整，計算稅基；產業部門法與總計法類似，只是按照總計法的計算方法，分別計算各產業部門的稅基，然後加總得到總的稅基。選用何種方法進行稅基的模擬估算，需要根據具體的研究目的和數據的可獲得性來判斷。本書主要研究

增值稅擴圍改革對行業稅負的影響。投入產出表基本提供了我們研究所需要的數據。但是，由於研究中會涉及設備工器具投資數據，這一數據在投入產出表中無法獲得，因此，我們主要使用投入產出表，並借助統計年鑒的數據來計算增值稅稅基。

稅基、總產出、中間投入、進口、出口和資本形成總額用 TB、GO、II、IM、EX、CF 來表示。因此，稅基的最初形式為：

$$TB = GO - II + IM - EX - CF \quad (4-1)$$

其中，資本形成總額由存貨改變量（IC）和固定資產形成總額（FCF）兩個部分組成。而根據現行增值稅稅制，可以抵扣的固定資產為新增設備工器具投資（$IETI$）。因此，可得：

$$TB = GO - II + IM - EX - IC - IETI \quad (4-2)$$

此外，由於繳納增值稅的行業購買免稅部門的產品和服務時，無法取得增值稅專用發票，因此，需要在計算稅基時考慮中間投入對免稅產品和服務的購買（$PDPS$）。增值稅免稅部門主要包括農業和繳納營業稅的部門。引入免稅行業對稅基進行進一步的調整：

$$TB = GO - II + IM - EX - IC - IETI - PDPS \quad (4-3)$$

4.2 基於上海方案增值稅擴圍改革對行業稅負影響的模擬估算

4.2.1 行業稅負的測算方法

1. 工業行業稅負的測算方法

由於投入產出表中的數據是包括了增值稅的數據，因此，在計算稅基時，應該按照各行業增值稅稅率（TR）扣除數據中所含增值稅：

$$TB = \frac{GO - II + IM - EX - IC - IETI - PDPS}{1 + TR} \quad (4-4)$$

由於總產出與中間投入的差為增加值（AV），因此：

$$TB = \frac{AV + IM - EX - IC - IETI - PDPS}{1 + TR} \quad (4-5)$$

依據現行增值稅稅制，對於交通運輸業按7%的扣除率計算進項稅額。由於交通運輸行業和非交通運輸行業抵扣方式的不同，需要在計算中間投入對免稅產品和服務的購買時，將其分為中間投入對非交通運輸行業免稅產品和服務的購買（$PDPS_1$）和中間投入對交通運輸業服務的購買（$PDPS_2$）。其中，交通運輸行業包括鐵路運輸業、道路運輸業、城市公共交通業、水上運輸業、航空運輸業、管道運輸業、裝卸搬運和其他運輸服務業，中間投入非交通運輸行業免稅行業包括農業（不包括農、林、牧、漁服務業）和所有服務業。

現行增值稅稅制中，增值稅稅率主要包括17%和13%兩檔，其中13%的優惠稅率主要適用於燃氣、水生產和供應業。由於這兩個行業與其他工業行業的增值稅稅率不同，需要單獨考慮對燃氣、水生產和供應業產品的購買（$PDPS_3$）。此外，增值稅納稅人分為一般納稅人和小規模納稅人。根據2008年《中國稅務年鑒》，一般納稅人和小規模納稅人的收入占稅收收入比例分別為0.94和0.06。在測算行業稅負時，依據這一比例對稅基進行調整。

營業稅稅率為TR_1，增值稅稅率為TR_2，其中小規模納稅人的增值稅徵收率為3%。不含稅稅基增加值（AV）、進口（IM）、出口（EX）、新增設備工器具投資（IETI）分別為：

$$AV' = \frac{AV}{1 + TR_2} \times 0.94 \times TR_2 + \frac{AV}{1 + 3\%} \times 0.06 \times 3\% \quad (4-6)$$

$$IM' = \frac{IM}{1 + TR_2} \times 0.94 \times TR_2 + \frac{IM}{1 + 3\%} \times 0.06 \times 3\% \quad (4-7)$$

$$EX' = \frac{EX}{1 + TR_2} \times 0.94 \times TR_2 + \frac{EX}{1 + 3\%} \times 0.06 \times 3\% \quad (4-8)$$

$$IETI' = \frac{IETI}{1 + TR_2} \times 0.94 \times TR_2 + \frac{IETI}{1 + 3\%} \times 0.06 \times 3\%$$

$$(4-9)$$

中間投入對非交通運輸業免稅產品和服務的購買，包括農業和所有服務業。由於農業和教育、衛生、社會保障和社會福利業免稅，所以在計算不含稅稅基中間投入對非交通運輸業免稅產品和服務的購買時，一部分是需要繳納營業稅的部分（$PDPS_{11}$），一部分是免稅的部分（$PDPS_{12}$）。不含稅稅基中間投入對非交通運輸業免稅產品和服務的購買（$PDPS_1$）為：

$$PDPS_1' = \frac{PDPS_{11}}{1 + TR_1} \times TR_1 + PDPS_{12} \quad (4-10)$$

增值稅擴圍改革前，工業行業增值稅稅收收入（$VATTR_1$）為：

$$VATTR_1 = (AV' + IM' - EX' - IC' - IETI' + PDPS_1')$$

$$+ \frac{PDPS_2}{1 + TR_1} \times 0.94 \times (TR_2 - 7\%) + \frac{PDPS_2}{1 + TR_1} \times 0.06 \times 3\%$$

$$+ \frac{PDPS_3}{1 + TR_2} \times 0.94 \times (TR_2 - 13\%) + \frac{PDPS_3}{1 + TR_2} \times 0.06 \times 3\%$$

$$(4-11)$$

增值稅擴圍改革後，一方面導致中間投入對增值稅擴圍行業產品和服務的購買（$PDPS_4$）需要從工業行業增值稅稅基中抵扣；另一方面，由於交通運輸業中有部分行業也納入了擴圍行業，也需要從工業行業增值稅稅基中抵扣。增值稅擴圍後，擴圍行業的稅率為TR_3。增值稅擴圍後，工業行業增值稅稅收收入（$VATTR_2$）為：

$$VATTR_2 = (AV' + IM' - EX' - IC' - IETI' + PDPS'_1)$$

$$+ \frac{PDPS_2}{1 + TR_1} \times 0.94 \times (TR_2 - 7\%) + \frac{PDPS_2}{1 + TR_1} \times 0.06 \times 3\%$$

$$+ \frac{PDPS_3}{1 + TR_2} \times 0.94 \times (TR_2 - 13\%) + \frac{PDPS_3}{1 + TR_2} \times 0.06 \times 3\%$$

$$- \frac{PDPS_4}{1 + TR_1} \times 0.94 \times TR_3 - \frac{PDPS_4}{1 + TR_1} \times 0.06 \times 3\%$$

$$- \frac{PDPS_2}{1 + TR_1} \times 0.94 \times (TR_3 - 7\%) - \frac{PDPS_2}{1 + TR_1} \times 0.06 \times 3\%$$

(4-12)

增值稅擴圍前後工業行業稅負的變化（TBC_1）為：

$$TBC_1 = \frac{VATTR_2}{AV} - \frac{VATTR_1}{AV} \tag{4-13}$$

2. 服務業行業稅負的測算方法

增值稅擴圍改革前，服務業行業稅負（TB_1）為營業稅稅率與行業增值率的比值，故：

$$TB_1 = \frac{TR_1}{AV/GO} \tag{4-14}$$

增值稅擴圍改革後，免稅產品和服務包括農業（不包含農、林、牧、漁服務業）和未擴圍的服務業。增值稅擴圍改革後，不含稅稅基增加值（AV）、進口（IM）、出口（EX）、新增設備工器具投資（$IETI$）分別為：

$$AV' = \frac{AV}{1 + TR_1} \times 0.94 \times TR_3 + \frac{AV}{1 + TR_1} \times 0.06 \times 3\%$$

(4-15)

$$IM' = \frac{IM}{1 + TR_1} \times 0.94 \times TR_3 + \frac{IM}{1 + TR_1} \times 0.06 \times 3\%$$

(4-16)

$$EX' = \frac{EX}{1+TR_1} \times 0.94 \times TR_3 + \frac{EX}{1+TR_1} \times 0.06 \times 3\%$$

(4-17)

$$IETI' = \frac{IETI}{1+TR_2} \times 0.94 \times TR_3 + \frac{IETI}{1+3\%} \times 0.06 \times 3\%$$

(4-18)

增值稅擴圍改革後，服務業增值稅稅收收入（$VATTR_3$）為：

$$VATTR_3 = (AV' + IM' - EX' - IC' - IETI' + PDPS'_1)$$
$$+ \frac{PDPS_3}{1+TR_2} \times 0.94 \times (TR_3 - 13\%) + \frac{PDPS_3}{1+3\%} \times 0.06 \times 3\%$$

(4-19)

增值稅擴圍改革後，服務業行業稅負為 TB_2，為服務業行業增值稅稅收收入與增加值之比。故：

$$TB_2 = \frac{VATTR_3}{AV}$$

(4-20)

增值稅擴圍前後服務業行業稅負的變化（TBC_2）為：

$$TBC_2 = TB_2 - TB_1$$

(4-21)

4.2.2　增值稅擴圍改革對行業稅負影響的模擬估算結果

1. 工業行業稅負模擬結果（見表4-1）

表4-1　　　　　工業行業稅負模擬估算結果　　　　單位：%

工業行業	稅負變化	工業行業	稅負變化
煤炭開採和洗選業	-1.578	化學纖維製造業	-1.319
石油和天然氣開採業	-0.521	橡膠製品業	-1.864

表4-1(續)

工業行業	稅負變化	工業行業	稅負變化
黑色金屬礦採選業	-1.813	塑料製品業	-1.431
有色金屬礦採選業	-1.939	非金屬礦物製品業	-1.927
非金屬礦採選業及其他採礦業	-2.187	黑色金屬冶煉及壓延加工業	-1.788
農副食品加工業	-1.637	有色金屬冶煉及壓延加工業	-1.765
食品製造業	-2.229	金屬製品業	-1.398
飲料製造業	-1.863	通用設備製造業	-1.446
菸草製品業	-0.405	專用設備製造業	-1.600
紡織業	-1.212	交通運輸設備製造業	-1.453
紡織服裝、鞋、帽製造業	-1.387	電氣機械及器材製造業	-1.768
皮革、毛皮、羽毛（絨）及其製品業	-1.220	通訊設備、計算機及其他電子設備製造業	-1.550
木材加工及木竹藤棕草製品業	-1.792	儀器儀表文化辦公用機械製造業	-1.325
家具製造業	-1.598	工藝品及其他製造業	-1.296
造紙及紙製品業	-1.637	廢棄資源和廢舊材料回收加工業	-0.110
印刷業和記錄媒介的複製	-0.919	電力、熱力的生產和供應業	-0.938

表4-1(續)

工業行業	稅負變化	工業行業	稅負變化
文教體育用品製造業	-1.260	燃氣生產和供應業	-1.769
石油加工、煉焦及核燃料加工業	-2.021	水的生產和供應業	-0.439
化學原料及化學製品製造業	-2.031	批發和零售業	-2.109
醫藥製造業	-1.502	—	—

資料來源：2007年《中國投入產出表》、2008年《中國統計年鑒》和筆者測算。

從表4-1可以看出，依據上海改革方案，增值稅擴圍改革後，工業稅負的下降幅度主要為1%~2%。[1] 根據所選取的行業，食品製造業，批發零售業，石油加工、煉焦及核燃料加工業，化學原料及化學製品製造業稅負下降幅度較大，都超過了2%，說明增值稅擴圍後這部分行業的受益較為明顯，企業稅負降低幅度相對較大。其中下降幅度最大的為食品製造業，降幅為2.229%。食品製造業在產品生產過程中所需外購原材料種類較多，因此在增值稅擴圍改革過程中對於外購原材料進行抵扣使得食品製造業的稅負降低明顯；同時下降幅度超過2%的企業類型都多以製造業為主，其共同特點也是在產品製造過程中外購燃料、原材料等初級產品較多，從而在改徵增值稅後可以對外購原材料進行抵扣使得稅負降低明顯。而菸草製品業、水的生產和供應業、石油天然氣開採業以及印刷業和記錄媒介的複製稅負下降幅度不大，沒有超過1%，說明這部分行業的受益不

---

[1] 限於篇幅關係，書中未列出具體計算過程，只給出最終計算結果，如需要可向作者索取。

明顯。其中降低幅度最小的為廢棄資源和廢舊材料回收加工業，降幅為0.110%。在當前營業稅徵收模式下，中國為促進對廢舊物資的合理利用，採取了一系列稅收優惠措施，從而使得廢棄資源和廢舊材料回收加工業的稅負本身不高，因此在增值稅擴圍後，其稅負降低幅度不是很大。除此之外的所選取行業稅負降低幅度都為1%～2%。總體來看，增值稅擴圍改革後，工業行業的稅負平均下降幅度約為1.488%。上海改革方案推廣到全國後，雖然使得全國的工業行業稅負都普遍下降，但從下降的幅度來看，對全國工業行業的稅負影響並不大。

2. 服務行業稅負模擬結果（見表4-2）

表4-2　　　　　服務行業稅負模擬估算結果　　　　單位:%

服務行業	稅負變化	服務行業	稅負變化
道路運輸業	-4.736	軟體業	-1.621
城市公共交通業	-4.039	租賃業	-7.168
水上運輸業	2.980	研究與試驗發展業	-0.429
航空運輸業	10.509	專業技術服務業	2.305
管道運輸業	-5.292	科技交流和推廣服務業	2.860
裝卸搬運和其他運輸服務業	-4.624	其他服務業	5.581
倉儲業	-2.422	廣播、電視、電影和音像業	0.416
電信和其他訊息傳輸服務業	-0.720	文化藝術業	0.483
計算機服務業	1.948	—	—

資料來源：2007年《中國投入產出表》、2008年《中國統計年鑒》和筆者測算。

從表4-2中可以看出，上海改革方案涉及的擴圍服務行業中，各行業的稅負變化有增有減，大多數行業的稅負變化幅度集中在-3%~3%。其中稅負增加的有8個行業，包括計算機服務業、航空運輸業、水上運輸業、專業技術服務業、科技交流和推廣服務業、廣播電視影視音像業以及其他服務業，表明上海改革方案推廣到全國會加重這部分行業的稅負。其中增幅最為明顯的為航空運輸業，其改徵增值稅後稅負增加約10%。這和航空運輸業的企業生產經營特點有關，一方面航空運輸業的成本構成包括機場等基礎設施建設，而這些基礎設施在目前尚不完善的消費型增值稅制度下外購的進項稅額是不能進行抵扣的；另一方面，根據航空運輸業的特點，大多數航空公司的飛機採用租賃方式，租賃費用也不能進行抵扣，而增值稅稅率高於營業稅稅率，因此航空運輸業稅負不降反升。而增值稅擴圍後導致稅負降低的有9個行業，包括道路運輸業、城市公共交通運輸業、管道運輸業、裝卸搬運和其他運輸服務業、倉儲業、電信和其他運輸服務業、軟件業、租賃業、研究和實驗發展業，表明上海改革方案推廣到全國後會大幅度減輕這部分行業的稅負。從總體上看，上海改革方案推廣到全國後整體上會降低服務業的稅負。

4.2.3 判斷與結論

根據增值稅擴圍對企業稅負的影響程度模擬估算結果，可以得出以下結論：上海改革方案推廣到全國，會使工業行業的稅負普遍降低。從本書選取的39個工業部門來看，39個工業行業稅負均降低，其中下降幅度都為0.11%~2.2%，其中下降幅度最小的為廢棄資源和廢舊材料回收加工業，下降幅度為0.11%，下降幅度最大的為食品製造業，下降幅度為2.229%。總體來看，增值稅擴圍改革後，工業行業平均稅負下降

1.488%。這數據說明增值稅擴圍改革後雖然會導致工業行業稅負降低，但是從下降幅度來看，其減輕工業行業的稅負能力有限。

通過模擬測算，增值稅擴圍改革後導致服務行業（擴圍行業）的稅負有增有減。服務行業稅負的波動幅度要大於工業行業。從選取的17個服務行業來看，稅負增加的占到8個，占到選取行業的47%，稅負降低的共有9個，占到選取行業的53%。其中稅負增加最多的行業為航空運輸業，增加幅度為10.509%，稅負降低最多的為租賃業，降低幅度為7.168%。從總體來看，服務行業的平均稅負是下降的。服務業行業增值率較高且行業間差距明顯是服務業稅負波動較大的重要原因。稅負降幅明顯的服務業包括管道運輸業、城市公共交通業、道路運輸業、裝卸搬運和其他運輸服務業、倉儲業、電信和其他信息傳輸服務業、研究與試驗發展業、租賃業和軟件業，可優先作為全國增值稅擴圍改革的試點行業。

估算增值稅擴圍改革對行業稅負的影響，為分析稅收對產業結構的影響提供了一條思路，為制定相關產業政策和稅收政策提供了參考依據，為判斷增值稅擴圍改革同產業結構調整之間的關係提供了一個視角。在改革的過程中，需要注意兩方面問題。一是關注稅負波動較大的行業。要深入分析行業稅負變動的原因以及稅負變動給行業發展帶來的影響，在此基礎上，有針對性地提出有利於產業結構調整的稅收措施。比如對航空運輸等稅負明顯加重的行業，可以試行較低增值稅稅率或超稅負返還的過渡政策，減輕其稅負，促進其發展。二是關注行業擴圍順序。對於擴圍行業的選擇，應參考行業稅負變化情況，優先選擇稅負下降且國家鼓勵發展的行業作為擴圍的首選行業，加快產業結構調整和經濟發展方式轉變。同時這也有利於提高擴圍行業納稅人繳稅的積極性，促進稅收遵從。此外，還應繼

續擴大試點地區，消除地域性試點的局限，以充分發揮「營改增」的減稅效應，促進地區間公平競爭。

4.3 基於上海方案增值稅擴圍改革對財政收入影響的模擬估算

4.3.1 財政收入的測算方法

增值稅擴圍改革前，服務業營業稅收入，可以使用投入產出表中的總產出和營業稅適用稅率來計算。營業稅稅率為 TR_1。則增值稅擴圍改革前，擴圍行業的營業稅收入（STR）為：

$$STR = GO \times TR_1 \qquad (4-22)$$

按照現行稅制，增值稅納稅人分為一般納稅人和小規模納稅人。根據 2008 年《中國稅務年鑒》，一般納稅人和小規模納稅人的收入占稅收收入比例分別為 0.94 和 0.06。在測算財政收入時，依據這一比例對稅基進行調整。設增值稅稅率為 TR_2，其中小規模納稅人的增值稅徵收率為 3%。

增值稅擴圍改革後，免稅產品和服務包括農業（不包含農、林、牧、漁服務業）和未擴圍的服務業。增值稅擴圍改革後，不含稅稅基增加值（AV）、進口（IM）、出口（EX）、新增設備工器具投資（IETI）分別為：

$$AV' = \frac{AV}{1 + TR_1} \times 0.94 \times TR_3 + \frac{AV}{1 + TR_1} \times 0.06 \times 3\%$$

$$(4-23)$$

$$IM' = \frac{IM}{1 + TR_1} \times 0.94 \times TR_3 + \frac{IM}{1 + TR_1} \times 0.06 \times 3\%$$

$$(4-24)$$

$$EX' = \frac{EX}{1+TR_1} \times 0.94 \times TR_3 + \frac{EX}{1+TR_1} \times 0.06 \times 3\%$$

(4-25)

$$IETI' = \frac{IETI}{1+TR_2} \times 0.94 \times TR_3 + \frac{IETI}{1+3\%} \times 0.06 \times 3\%$$

(4-26)

依據現行增值稅稅制，對於交通運輸業按7%的扣除率計算進項稅額。由於交通運輸行業和非交通運輸行業抵扣方式的不同，需要在計算中間投入對免稅產品和服務的購買時，將其分為中間投入對非交通運輸行業免稅產品和服務的購買（$PDPS_1$）和中間投入對交通運輸業服務的購買（$PDPS_2$）。其中，交通運輸行業包括鐵路運輸業、道路運輸業、城市公共交通業、水上運輸業、航空運輸業、管道運輸業、裝卸搬運和其他運輸服務業，中間投入非交通運輸行業免稅行業包括農業（不包括農、林、牧、漁服務業）和所有服務業。

中間投入對非交通運輸業免稅產品和服務的購買，包括農業和所有服務業。由於農業和教育、衛生、社會保障和社會福利業免稅，所以在計算不含稅稅基中間投入對非交通運輸業免稅產品和服務的購買時，一部分是需要繳納營業稅的部分（$PDPS_{11}$），一部分是免稅的部分（$PDPS_{12}$）。不含稅稅基中間投入對非交通運輸業免稅產品和服務的購買（$PDPS_1$）為：

$$PDPS_1' = \frac{PDPS_{11}}{1+TR_1} \times TR_1 + PDPS_{12}$$

(4-27)

在現行的增值稅稅制中，增值稅稅率主要包括17%和13%兩檔，其中13%的優惠稅率主要適用於燃氣、水生產和供應業。由於這兩個行業與其他工業行業的增值稅稅率不同，需要單獨考慮對燃氣、水生產和供應業產品的購買（$PDPS_3$）。

增值稅擴圍改革後，服務業增值稅稅收收入（$VATTR$）為：

$$VATTR = (AV' + IM' - EX' - IC' - IETI' + PDPS'_1)$$
$$+ \frac{PDPS_3}{1 + TR_2} \times 0.94 \times (TR_3 - 13\%) + \frac{PDPS_3}{1 + 3\%} \times 0.06 \times 3\%$$
$$(4-28)$$

增值稅擴圍改革不僅會導致增值稅的變化，還會使工業行業購買的擴圍行業的服務可以抵扣，因此對財政收入的影響需要考慮為產品提供服務增加的抵扣增值稅（DVAT）。此外，增值稅擴圍產生的流轉稅增減對企業所得稅產生影響，因此也應該將這部分考慮到財政收入當中。中間投入的為產品提供的非交通運輸業服務為 SPP_1，中間投入的為產品提供的非交通運輸業服務為 SPP_2，中間投入的為產品提供的免稅服務為 $DSPP$。免稅服務主要是未擴圍的服務行業。

增值稅改革後為產品提供服務增加的抵扣增值稅為：

$$DVAT = \frac{(SPP_1 - DSPP)}{1 + TR_1} \times 0.94 \times TR_3$$
$$+ \frac{(SPP_1 - DSPP)}{1 + TR_1} \times 0.06 \times 3\%$$
$$+ \frac{SPP_2}{1 + TR_1} \times 0.94 \times (TR_3 - 7\%)$$
$$+ \frac{SPP_2}{1 + TR_1} \times 0.06 \times 3\% \quad (4-29)$$

企業所得稅稅率為 25%。流轉稅影響的企業所得稅（CIT）為：

$$CIT = (STR - VATTR_3 - DVAT) \times 25\% \quad (4-30)$$

增值稅擴圍改革對財政收入變化率（FRR）的影響為：

$$FRR = \frac{VATTR_3 - STR - DVAT + CIT}{STR} \quad (4-31)$$

4.3.2 增值稅擴圍改革對財政收入影響的模擬估算結果

增值稅擴圍改革對財政收入影響的模擬估算結果如表 4-3 所示。

表 4-3　　　　　財政收入模擬估算結果　　　單位（萬元）

服務行業	改革後增值稅	改革前營業稅	抵扣增值稅	改革後流轉稅對企業所得稅的影響	財政收入增減
道路運輸業	5,436,276	3,125,188	2,121,418	47,418	237,088
城市公共交通業	1,134,063	656,494	86,032	97,884	489,421
水上運輸業	1,132,729	2,037,343	1,340,524	-561,284	-2,806,422
航空運輸業	108,776	818,516	269,437	-244,794	-1,223,972
管道運輸業	237,630	125,881	141,288	-7,385	-36,924
裝卸搬運和其他運輸服務業	2,171,661	1,296,771	458,441	104,112	520,561
倉儲業	365,187	297,567	60,122	1,874	9,372
電信和其他訊息傳輸服務業	2,679,217	2,308,226	1,042,690	-167,925	-839,625
計算機服務業	233,466	300,840	201,685	-67,265	-336,324
軟件業	484,822	400,060	74,543	2,555	12,775
租賃業	215,389	136,523	104,102	-6,309	-31,545
研究與試驗發展業	715,307	689,509	602,391	-144,148	-720,741
專業技術服務業	1,148,540	1,557,864	759,688	-292,253	-1,461,266
科技交流和推廣服務業	269,579	385,162	242,600	-89,546	-447,728
其他服務業	1,193,736	2,125,169	856,271	-446,926	-2,234,630
廣播電視電影和音像業	276,991	292,424	134,962	-37,599	-187,995
文化藝術業	158,517	168,987	23,252	-8,431	-42,153

資料來源：2007 年《中國投入產出表》、2008 年《中國統計年鑒》和筆者測算。

在測算過程中，不僅估算了營業稅改徵增值稅後對財政收入的影響，也考慮到了改徵後流轉稅對企業所得稅的影響引起財政收入的變化。從表4-3中可以看出，增值稅擴圍改革後，服務行業（擴圍行業）財政收入減收明顯，但不同行業有增有減。據筆者測算，服務行業（擴圍行業）產生的增值稅、企業所得稅與改革前產生的營業稅、企業所得稅相比減收約910億元。[①] 分行業來看，航空運輸業、管道運輸業、文化藝術業、計算機服務業、租賃業、研究與試驗發展業、專業技術服務業、科技交流和推廣服務業、其他服務業、廣播電視電影和音像業、電信和其他信息傳輸服務業的財政收入增減額為負，說明這些行業擴圍改革後對財政收入具有逆向影響，會減少財政收入。而道路運輸業、城市公共交通業、軟件業、倉儲業、裝卸搬運和其他運輸服務業的財政收入增減額為正，說明這些行業擴圍改革後，對財政收入具有正向的影響，會增加財政收入。因此，可以將道路運輸業、城市公共交通業、軟件業、倉儲業、裝卸搬運和其他運輸服務業作為優先擴圍的行業，在一定程度上減少增值稅擴圍改革對國家財政收入造成的過猛衝擊。同時財政收入與之前服務業徵收營業稅時的財政收入相比，地方政府財政收入大幅減少。因此，上海改革方案推廣到全國後，首先必須解決這個問題，採取各種措施彌補財政收入的減少。只有這樣才能確保上海改革方案的全面推廣。

4.3.3 判斷與結論

根據增值稅擴圍改革對財政收入模擬估算結果，可以得出以下結論：

[①] 限於篇幅關係，書中未列出具體計算過程，只給出最終計算結果，如需要可向作者索取。

（1）從上述模擬估算結果可以看出，增值稅擴圍改革後不同行業會對財政收入造成不同的影響。具體來講有些行業會導致財政收入增加，有些行業會導致財政收入減少。從選取的17個服務行業來看，導致財政收入減少的行業為12個，占到所選取行業個數的70%，導致財政收入增加的行業個數為5個，占到所選取行業個數的30%。從總量上來看，考慮到增值稅擴圍改革後對企業所得稅造成的影響，其共導致財政收入減少910億元。

從模擬估算結果也可以看出，增值稅擴圍改革對財政收入的影響主要取決於增值稅和營業稅稅率、行業增值率、產品和服務的投入結構等因素。營業稅改徵增值稅後，增值稅稅率與財政收入呈正相關關係，原有營業稅稅率與財政收入呈負相關關係；在稅率不變情況下，服務業增值率與財政收入呈正相關關係。當服務業營業稅改徵增值稅後，原服務業增值率高，說明中間投入比例不高，外購產品和服務產生的抵扣少，對減稅影響小，而對增稅影響大，反之亦然。投入結構對財政收入影響主要是指購買產品和服務的比例對財政收入的影響。服務業營業稅改徵增值稅，外購服務增加抵扣越多，對增值稅減稅影響也就越大，增稅影響也就越小，反之亦然。

（2）如果按照上海改革方案所確定的行業和適用稅率，在全國範圍進行增值稅擴圍改革，從靜態來看，勢必導致地方財政收入大幅減少，可能增加地方政府財政風險，迫使地方政府增加債務發行，甚至亂收費，同時減少對基礎設施、公共服務的投入，進而影響經濟發展；從長遠來看，試點行業改徵增值稅後，行業稅負下降，勢必帶動相關行業快速發展，進一步涵養稅源和擴大稅基，促進產業結構調整和經濟可持續發展。為此，中央和地方政府應採取積極措施，盡可能彌補這部分財政收入缺口，確保上海改革方案在全國順利推廣。

（3）上海改革方案推廣到全國，部分擴圍行業對財政收入具有促進作用，部分擴圍行業對財政收入具有抑制作用，而且各行業的稅負也有增有減。因此，在全國範圍內推行增值稅擴圍改革，應該進一步細化上海改革方案中的試點行業，調整行業納入試點順序，把對財政收入具有促進作用、行業稅負下降明顯且有利於促進經濟發展方式轉變的服務行業優先納入擴圍改革的範圍。

5 增值稅擴圍改革對經濟增長影響的實證研究

本章主要在前述研究的基礎上，通過構建增值稅、營業稅與經濟增長的關係模型，使用中國近 11 年稅收和經濟增長的面板數據來研究增值稅擴圍與經濟增長之間的影響關係。本章的具體安排如下：首先，對增值稅與經濟增長的相關研究進行分析；其次，研究增值稅和營業稅對中國經濟增長的影響；再次，進一步研究增值稅擴圍改革後對中國經濟增長的影響；最後，對相應的研究結論進行總結，並結合本章實證結果對增值稅擴圍改革中需要注意的問題予以揭示。

5.1 相關研究

目前中國經濟體制正處在轉型時期，增值稅擴圍改革有利於中國經濟體制改革，有利於加快經濟轉變方式，有利於消除重複徵稅，增強服務業的競爭能力，促進社會專業化分工，推動三次產業融合；有利於降低企業稅收負擔，扶持小微企業發展，帶動擴大就業；有利於推動結構調整，促進科技創新，增強經濟發展的內生動力。但是營業稅在中國根深蒂固，如果將地方徵收的營業稅轉變成以中央收入為主的增值稅，對中國的

經濟體制以及經濟增長影響如何，還沒有具體的研究結論。賈康（2010）認為這一簡單的調整會進一步加劇現行增值稅收入分享體制的弊病。楊默如（2011）認為面對增值稅擴圍的難題，應剖析內在成因及合理性，建議根據稅基流動性來培植徵管權限。蘇明、徐力君（2008）認為營業稅可以促進中國經濟增長，企業所得稅則抑制中國的經濟增長，個人所得稅則沒有體現出負面的影響。而何因、沈明高（2009）發現增值稅對中國經濟增長具有顯著的負影響，營業稅對經濟增長具有正向影響，而個人所得稅對經濟增長的影響最不利。從上述學者們的研究來看，目前中國的稅制結構以及營業稅和增值稅對經濟增長影響的結論還存在很大的爭議。產生這種爭議的原因可能是學者們在研究過程中考慮的變量過於單一。稅制改革是稅種之間的變革，但在研究其對經濟增長的影響過程中還應考慮到其他因素的影響，不應該將其分裂開進行研究。

根據上述研究分析，本研究將以中國 2001—2011 年的省級稅收數據和省級經濟指標為研究變量，就中國增值稅擴圍後對中國經濟增長的貢獻程度進行研究。

5.2 模型與數據

5.2.1 計量模型設計

對於時間序列數據的分析研究，學者們採用的模型和做法大致相同。本章則運用面板數據模型進行實證研究。基礎理論模型借鑑新古典經濟增長模型，並引入內生增長模型，將物質資本存量、稅收增長率、經濟增長率等指標引入上述規模不變的內生增長模型。模型的具體表示形式如下：

$$Y(t) = K(t)^{\alpha} H(t)^{\beta} (A(t)L(t))^{1-\alpha-\beta} \qquad (5-1)$$

其中：$Y(t)$ 表示中國各年的經濟增長率；$K(t)$ 表示各年的物質資本存量，物質資本存量採用投資率來代替；$H(t)$ 表示中國各年勞動投入量；α 表示產出對物質資本存量的彈性；β 表示產出對人力資本存量的彈性，t 代表時間緯度；$A(t)$ 代表技術和經濟效率的指標。因為稅收制度影響財產的分配狀況，本質上是對資源的重新配置，而根據經濟學基本理論，資源配置的變化勢必影響經濟增長，所以稅收本身和稅收的變化都會影響經濟的增長。正是基於此，本書重點研究增值稅和營業稅對中國經濟增長的影響以及增值稅擴圍後（即營業稅轉變成增值稅）對中國經濟增長的影響。這樣本研究在控制各年資本存量、人力資本存量和勞動力人口存量的基礎上，來研究中國的經濟增長率與增值稅擴圍之間的影響關係。

$$Y(t) = K(t)^{\alpha} H(t)^{\beta} V(t)^{\delta} B(t)^{\eta} P(t)^{\lambda} X(t)^{\mu} L(t) C(t)^{1-\alpha-\beta-\delta-\eta-\lambda-\mu} \qquad (5-2)$$

本章對於增值稅擴圍的研究是建立在廣義矩陣估計的基礎上的。理論上，一種稅種的變化會給總收入帶來相應的變化，而這種變化會在稅收對經濟增長的影響中體現出來。這種經濟增長的變化一部分是由稅收結構的變化帶來的，另一部分則是由稅收變革範圍變化帶來的。本研究根據 Arnold（2008）研究所用的方法，首先研究增值稅和營業稅沒有變化的情況下其對中國經濟增長的影響程度；然後通過處理手段，對增值稅進行擴圍，把營業稅轉變成增值稅，進一步研究增值稅擴圍後其對中國經濟增長的影響。

$$\ln Y_{it} = \alpha_0 + \alpha_1 \ln K(t)_{it} + \alpha_2 \ln H(t)_{it} + \alpha_3 \ln V(t)_{it} + \alpha_4 \ln B(t)_{it} + \alpha_5 \ln P(t)_{it} + \alpha_6 \ln X(t)_{it} + \alpha_7 \ln L(t)_{it} + \alpha_8 \ln C(t)_{it} + \varepsilon(t)_{it} \qquad (5-3)$$

其中：$Y(t)$ 表示中國各年的經濟增長率，用中國各年經濟總量

的比值表示；$K(t)$表示各年物質資本存量，用投資率來代替，即用全社會固定資產投資占國內生產總值的比例來表示；$H(t)$表示中國各年人力資本存量，用唐家龍（2009）的方法計算的數值來表示；$V(t)$表示各年增值稅總量；$B(t)$表示各年營業稅總量；$P(t)$表示各年稅收水平，用當年稅收總收入占當年經濟總量的比值來表示；$X(t)$表示各年稅收彈性，用稅收收入變動的百分比對國民收入變動的百分比的比值表示；$L(t)$表示各年勞動人口存量，用各年勞動人口數量表示；$C(t)$代表三次產業結構。

5.2.2 樣本選擇

本研究所選取的樣本主要包括內地除西藏之外的30個省級行政區的數據，時間跨度主要從2001年到2011年。

5.2.3 研究變量

本章主要是研究增值稅擴圍對經濟增長的影響，因此，選用經濟增長率作為因變量。自變量選用增值稅總量、營業稅總量、稅負水平和稅收彈性。控制變量主要選用物質資本存量、人力資本存量、勞動人口存量以及三產結構。變量定義與符號如表5-1所示。2001—2011年中國經濟與稅收的相關數據如表5-2所示。

表5-1　　　　　　　　變量定義與符號

變量	符號	單位	定義
增值稅	V	億元	各地區各年增值稅稅收總額
營業稅	B	億元	各地區各年營業稅稅收總額
稅收水平	P	%	各地區各年稅收總收入占當年經濟總量的比重

表5-1(續)

變量	符號	單位	定義
稅收彈性	X		各地區各年稅收收入變動百分比對國民收入變量百分比的比值
物質資本存量	K	%	各地區各年固定資產投資占國內生產總值的比值
人力資本存量	H	千萬人	各地區各年人力資本存量
勞動人口存量	L	千萬人	各地區各年勞動人口存量
第一產業比重	C1	%	第一產業占三次產業總值的比重
第二產業比重	C2	%	第二產業占三次產業總值的比重
第三產業比重	C3	%	第三產業占三次產業總值的比重
經濟增長率	Y	%	各地區各年相對於前一年經濟增長的比率

5.2.4 研究方法

本書採用的是變截距固定效應面板數據模型。在具體的研究方法上，本書考慮到除稅收對經濟增長產生影響外，各地區自身的資源稟賦也會對經濟增長產生影響，因此採用「截面權重」來反應各地區自身的資源稟賦對經濟增長的影響。本研究採用Eviews7.0統計軟件進行分析。統計分析方法主要採用廣義最小二乘法（FGLS）。

表 5-2　2001—2011 年中國經濟與稅收的相關數據

年份	經濟增長率(%)	物質資本存量(%)	人力資本存量(千萬人)	增值稅(億元)	營業稅(億元)	稅收水平(%)	稅收彈性	勞動人口存量(千萬人)	第一產業比重(%)	第二產業比重(%)	第三產業比重(%)
2001	8.06	36.3	597,451	7,090.8	2,084.7	13.83	1.88	94,072	15.06	45.92	39.02
2002	9.55	41.5	607,542	8,141.2	2,467.6	14.12	1.24	93,168	14.39	45.15	40.46
2003	10.64	47.4	617,858	10,096.3	2,868.9	15.05	1.59	92,097	13.74	44.79	41.47
2004	10.41	33.5	628,963	12,588.9	3,583.5	16.09	1.45	91,647	12.80	45.97	41.23
2005	12.04	48.5	639,383	10,698.2	4,231.4	16.69	1.38	91,129	13.39	46.23	40.38
2006	12.77	52.2	650,017	12,894.6	5,128.9	17.4	1.53	90,586	12.12	47.37	40.51
2007	14.36	55	661,653	15,609.9	6,582.9	18.6	1.77	94,197	11.11	47.95	40.94
2008	9.59	57.5	673,562	17,996.9	7,626.3	18.42	0.89	92,184	10.77	47.34	41.89
2009	9.11	66	685,686	18,820	9,015	18.37	1.07	90,976	10.73	47.45	41.82
2010	10.8	69.3	698,028	21,091.9	11,157.6	18.39	1.47	90,302	10.35	46.30	43.36
2011	9.3	72.7	710,592	16,824.1	10,415.3	19.03	2.43	89,849	10.18	46.86	42.97

註：數據來自於《中國統計年鑒 2011》。由於有些數據統計年鑒還沒有公布，本研究採用估算的方法。

5.3 研究的實證結果及分析

在對研究增值稅擴圍與經濟增長之間的關係進行計量分析之前，有必要對各自變量和因變量進行因果關係檢驗。因為如果各自變量與因變量之間不存在因果關係，那麼變量之間的迴歸研究就可能是偽迴歸，那麼具體的迴歸結果的實際意義就不大。因此有必要在各自變量與因變量之間的因果關係確定後，進一步研究變量之間的影響關係及程度。下面就將採用單位根檢驗和協整分析來對各變量之間的關係進行檢驗。

5.3.1 單位根檢驗和協整分析

本研究為了保證所涉及的數學模型的有效性，採用 Dicker-Fuller 標準的單位根檢驗（ADF）對增值稅和營業稅與經濟增長的時間序列數據的穩定性進行了檢驗。本研究經過多次檢驗和模擬，選擇最佳滯後期，得到如表 5-3 所示的結果。

表 5-3　　　　單位根檢驗的具體結果

時間序列	檢驗類型 (C, T, K)	ADF 檢驗值	臨界值	得出結論
經濟增長	(C, T, 2)	-2.452	-4.423	非平穩
增值稅	(C, T, 2)	0.452	1.563	非平穩
營業稅	(C, T, 1)	-3.231	-2.134	非平穩
稅收水平	(C, T, 1)	-3.643	-2.724	非平穩
稅收彈性	(C, T, 2)	-2.547	-1.876*	非平穩
△經濟增長	(0, 0, 1)	-2.253	-2.452	平穩

表5-3(續)

時間序列	檢驗類型（C, T, K）	ADF檢驗值	臨界值	得出結論
△增值稅	(0, 0, 1)	-2.143	-2.968	平穩
△營業稅	(0, 0, 1)	-2.538	-1.786*	平穩
△稅收水平	(0, 0, 1)	-2.903	-2.438	平穩
△稅收彈性	(0, 0, 1)	-2.890	-2.546	平穩

註：△表示一階差分，*表示在5%顯著水平下的臨界值，其餘都是在1%顯著水平下的臨界值。

從檢驗結果可以看出，增值稅、營業稅、稅收水平、稅收彈性以及經濟增長的時間序列ADF檢驗值均在1%顯著水平的臨界值上，因此能夠接受單位根檢驗假設。但是因變量和自變量的單位根過程都是不平穩的，經過一階差分後結果平穩。上述檢驗結果表明變量之間的時間序列具有相同的協整階數，即為I(1)過程。

同時本研究採用Johansen協整法檢驗自變量和因變量之間的協整關係，滯後階數選擇同上，具體的檢驗結果見表5-4。檢驗結果表明，該時間序列不存在協整關係和最多2個協整關係的假設，說明其只存在1個協整關係，同時也說明中國的增值稅、營業稅和經濟增長之間存在一種長期的均衡關係。

表5-4 　　　　　　Johansen協整檢驗結果

零假設	特徵根	LR似然比	5%的臨界值
不存在協整關係	0.982	56.903*	42.920
最多存在1個協整關係	0.834	26.345	26.890
最多存在2個協整關係	0.465	16.086*	17.630

註：*表示在5%顯著水平下拒絕零假設。

5.3.2 迴歸分析研究

為了研究增值稅擴圍對經濟增長的影響，本研究首先分析了增值稅和營業稅分別對中國經濟增長的影響，以便判斷這對經濟增長影響的重要程度。然後本研究通過相應的計算方法，把各年的營業稅轉換成增值稅，進一步分析增值稅擴圍對經濟增長的影響。增值稅及營業稅對經濟增長影響的估計結果如表5-5所示。

表5-5 增值稅及營業稅對經濟增長影響的估計結果

因變量	模型1	模型2	模型3	模型4	模型5
常數項	10.735*** (22.740)	9.973*** (21.223)	9.956*** (20.786)	10.345*** (21.297)	12.439*** (23.672)
自變量					
增值稅	3.672*** (5.834)				2.210*** (5.752)
營業稅		4.216*** (6.397)			2.297*** (4.967)
稅收水平			2.374** (3.275)		2.113** (3.209)
稅收彈性				0.384 (0.667)	1.227 (0.452)
控制變量					
物質資本存量	4.397** (3.324)	3.217** (3.434)	4.521** (4.434)	4.457** (3.583)	2.427** (2.567)
人力資本存量	3.337** (2.395)	3.396** (3.425)	2.467** (2.915)	2.665** (2.412)	2.447** (2.095)

表5-5(續)

因變量	模型1	模型2	模型3	模型4	模型5
勞動人口存量	0.785 (0.796)	0.767 (0.697)	0.685 (0.674)	0.864 (0.827)	0.663 (0.679)
第一產業結構	0.221 (0.412)	0.231 (0.435)	0.214 (0.401)	0.242 (0.476)	0.232 (0.468)
第二產業結構	2.532** (2.345)	2.576** (2.235)	2.623** (2.545)	2.628** (2.435)	2.569** (2.325)
第三產業結構	3.257** (3.345)	3.277** (3.325)	3.247** (3.425)	3.287** (3.675)	3.457** (3.343)
R^2	0.985,76	0.985,76	0.985,76	0.985,76	0.992,76
Adjusted R^2	0.980,32	0.980,32	0.980,32	0.980,32	0.990,43
F-statistic	876.432	876.432	876.432	876.432	1,102.210

註：*** 表示在1%的置信水平下顯著，** 表示在5%的置信水平下顯著，* 表示在10%的置信水平下顯著。

從表5-5的迴歸結果中可以看出，方程的擬合優度達到了0.9以上，說明模型的擬合效果較好，用來解釋增值稅和營業稅對中國經濟增長的影響更為合理。從估計結果來看，增值稅和營業稅都對中國的經濟增長有顯著的影響關係。這也驗證了蘇明和徐力君（2008）以及何因和沈高明（2009）的研究結論。

要研究增值稅擴圍對中國經濟增長的影響，就有必要把中國的營業稅轉換成增值稅。由於目前在增值稅與營業稅之間的稅率轉換間存在複雜的稅率關係，以及國家還沒有出抬具體的稅率值，本書對營業稅轉換成增值稅的稅率則借鑑平新喬等2009年採用Creedy（1998）的方法構造了中國營業稅和增值稅對價格影響的轉移模型。該公式如下：

$$CV = A_0\left[\frac{A_1}{A_0} + \frac{B_1}{B_0}\left[\frac{m}{A_0} - 1\right]\right] - m \tag{5-4}$$

$$EV = m - A_0 \left[1 + \frac{B_1}{B_0} \left[\frac{m}{A_0} - \frac{A_1}{A_0} \right] \right] \tag{5-5}$$

其中：CV 和 EV 代表稅收所導致的相應福利變化，A_0、B_0、A_1、B_1 代表分別在商品價格為 p_0 和 p_1 時定義的參數。他們的研究結果表明，如果僅僅想使營業稅對消費者福利的影響程度降低到與當前增值稅影響程度一致的水平，營業稅的稅率應設置為 4.55%。因此本書對營業稅轉變成增值稅的轉變稅率也採用這個稅率。增值稅擴圍後的迴歸分析結果如表 5-6 所示。

表 5-6　增值稅擴圍對經濟增長影響的估計結果

因變量	模型 6	模型 7	模型 8	模型 9
常數項	8.425 (18.426)	8.042 (17.456)	8.648 (19.077)	10.548 (21.872)
自變量				
增值稅	4.960*** (7.434)			6.242*** (8.657)
稅收水平		1.984* (2.895)		2.003** (3.009)
稅收彈性			0.986 (1.027)	0.371 (0.672)
控制變量				
物質資本存量	3.982** (3.310)	3.038** (3.211)	3.987** (3.890)	1.879** (2.787)
人力資本存量	4.217** (3.475)	3.527** (3.078)	2.983** (2.790)	2.741** (3.078)

表5-6(續)

因變量	模型6	模型7	模型8	模型9
勞動人口存量	0.945 (0.816)	0.867 (0.774)	0.894 (0.901)	0.867 (0.879)
第一產業結構	0.220 (0.402)	0.211 (0.423)	0.211 (0.387)	0.233 (0.457)
第二產業結構	2.732** (2.445)	2.876** (2.435)	2.723** (2.645)	2.928** (2.535)
第三產業結構	3.357** (3.355)	3.377** (3.345)	3.347** (3.465)	3.387** (3.695)
R^2	0.976,23	0.976,23	0.976,23	0.985,63
Adjusted R^2	0.970,21	0.970,21	0.970,21	0.980,34
F-statistic	736.243	736.243	736.243	900.120

註：*** 表示在1%的置信水平下顯著，** 表示在5%的置信水平下顯著，* 表示在10%的置信水平下顯著。

從表5-6的迴歸結果中可以看出，方程的擬合優度達到了0.9以上，說明模型的擬合效果較好，用來解釋增值稅擴圍對中國經濟增長的影響更為合理。從估計結果來看，增值稅擴圍後對中國的經濟增長有顯著的正向影響關係，而且這種影響的重要程度明顯增加。增值稅的影響程度從擴圍前的16.51%增加至擴圍後的44.11%。擴圍前營業稅和增值稅共同對經濟增長的影響達到了33.67%，沒有超過擴圍後的影響程度。主要的原因可能是工業和服務業稅收負擔明顯下降，產業結構進一步優化，有利於國民經濟可持續發展。當然，由於地方為主的營業稅轉換成了中央為主的增值稅，地方財政收入會減少，在一定程度上和一定時間內會影響地方政府對公共服務、基礎建設等方面的投入。為此，應進一步調整中央和地方增值稅分成比例，加大財政轉移支付力度，彌補地方財政收入。同時，加快房地產稅和資源改革的進程，通過合理地構建地方稅體系，增加地方

財政收入。

5.4 判斷與結論

本章通過建立經濟增長模型對中國2001年至2011年間的增值稅、營業稅以及增值稅擴圍後與經濟增長之間的關係進行了分析研究。首先本書通過採用單位根檢驗和協整分析對營業稅、增值稅以及經濟增長之間的關係進行檢驗。檢驗表明中國增值稅、營業稅和經濟增長之間存在長期均衡關係。從本書的研究結果來看，在增值稅擴圍改革前增值稅、營業稅均對中國經濟增長有顯著影響。其中營業稅和增值稅共同對經濟的影響為33.67%。同時，本書研究了增值稅擴圍後對經濟增長的影響程度，主要採用Creedy（1998）的方法構造了中國營業稅和增值稅對價格影響的轉移模型。通過模型分析增值稅擴圍後對經濟增長的影響程度為44.11%，大於擴圍前增值稅和營業稅共同對經濟增長的影響，說明在增值稅擴圍後增值稅對經濟增長的影響程度在增大，其影響程度大於營業稅和增值稅的影響程度總和。

此結果充分說明增值稅擴圍改革後將進一步促進中國經濟發展，也凸顯了增值稅擴圍改革的必要性。增值稅擴圍改革將大部分服務業納入增值稅徵收範圍，一方面，將降低中國服務業的稅負，刺激中小企業的投資熱情，有利於促進中國服務業的發展和產業結構的進一步優化升級，進而帶動整個經濟發展。另一方面，對於工業企業來講，增值稅擴圍使得增值稅鏈條進一步完整，稅收抵扣制度更加完善，工業企業稅負下降，同時也能避免「大而全」的全能型企業的產生，使更多的企業專注於本行業優勢產品，加大企業的專業化合作，使產品生產向精

細化方向發展，進而也有利於促進中國產業優化升級，提升經濟增長速度。

我們也應看到增值稅擴圍改革使得行業稅負明顯下降，產業結構進一步優化，更有利於國民經濟健康、平穩、可持續地發展。但是營業稅在轉換成增值稅後，會在一定程度上造成地方財政收入短期下降，進而有可能引發地方基礎設施建設不足、企業扶持力度及招商引資政策不到位以致惡化投資環境，影響地方經濟的增長。因此在增值稅擴圍改革過程中需注意加大對地方財政的轉移支付力度，一方面充分發揮增值稅在降低稅負、調整產業結構、促進經濟增長方面的作用，另一方面也不因地方財政收入的減少影響地方經濟的增長。

6 中國增值稅擴圍改革的難題及建議

　　增值稅是中國主體稅種，作為三大流轉稅之一，其稅制的變化不僅僅影響到增值稅本身效果的實現，同時也會對相關稅種包括營業稅以及企業所得稅等產生一定的影響，因此增值稅擴圍改革具有「牽一發而動全身」的效果。在增值稅擴圍改革的過程中需謹慎地進行探索性改革，為此，中國在進行增值稅改革時，首先在上海地區交通運輸業以及部分現代服務業這兩個行業小範圍內試點，進而擴展到10個省市，在擴圍行業上也暫時只選取了交通運輸業和現代服務業。這也在一定意義上說明了中國增值稅擴圍還存在一些難題，因而在改革的過程中我們需瞭解這些難題進而掌握改革必須遵循的原則，進而本書才能夠提供相關建議。

6.1 中國增值稅擴圍改革面臨的難題

　　本書主要分析了營業稅以及增值稅擴圍對行業稅負、財政收入以及經濟增長的影響。在分析的過程中本書認為增值稅擴圍使工業行業和服務行業整體稅負有所降低，但對一些行業來講稅負是增加的。另外，不同的行業對財政收入的影響也是有

促進作用或抑制作用的。那麼在我們進行增值稅擴圍改革時就面臨了一些棘手的問題，如在行業選擇上我們應選擇稅負降低的行業作為第一步還是所有行業一起同時進行，在對財政收入影響方面，我們如何平衡中央財政與地方財政的收入，稅率如何設置才能保證企業稅負總體不增重等一系列問題。只有對這些難點做到心中有數，我們在進行改革時才能夠全面考慮，謹慎改革，充分降低增值稅擴圍改革帶來的衝擊。

6.1.1 稅收收入分配與財政管理體制

增值稅擴圍後面臨的首要問題就是財政收入如何分配的問題。增值稅作為一種良稅，具有其他流轉稅所不具備的眾多優點。但是在世界範圍內也並不是所有國家都開徵了增值稅。作為典型代表的就是美國。美國沒有開徵增值稅的原因眾多，其中最重要的一點就是美國是聯邦制國家，聯邦和各個州都有開徵稅種的立法權。增值稅作為一個環環相扣的稅種，本質是要求課徵對象、稅率等都必須保持一致，如此才能保證增值稅的環環抵扣，同時也必須在全國範圍內進行徵收才能發揮增值稅的真正效果。但是由於各州開徵有零售銷售稅，因此如果在全國範圍內開徵增值稅無疑是重複徵稅，當然行不通。如果聯邦開徵增值稅，而州取消零售銷售稅，則各州無疑減少了大量稅收收入，所以各州是持反對意見的。而如果各州取消零售銷售稅，聯邦和各州同時開徵增值稅，由於增值稅是中央稅，各州對增值稅的稅權依然喪失，因此也得不到各州的支持。從美國的例子中，我們不難看出，地方各級政府對於是否開徵增值稅的影響很大。

結合中國實際情況來講，雖然中國不存在美國聯邦制國家體制，但是中國現行的是分稅制稅收徵收制度。即增值稅屬於中央與地方共享稅，中央和地方按照 4：3 的稅收收入比例分

成。首先由國家稅務機關徵收增值稅，再按照比例與地方進行分成。營業稅屬於地方稅，由地方稅務機關負責徵收。增值稅擴圍後，面臨的第一大問題就是，作為地方最大稅收收入來源的營業稅不復存在或大量減少後，地方政府的財政收入從何而來。按照中國分稅制劃分，國稅與地稅按照各自的管轄範圍徵收稅款。國稅系統主要徵收中央稅和中央與地方共享稅，而地稅系統主要徵收地方稅。國稅系統徵收增值稅、消費稅、車輛購置稅等涉及全國範圍的稅種，而地稅系統則徵收營業稅、城市維護建設稅、個人所得稅、土地增值稅、房產稅等與地方政府相關的稅收。增值稅作為中央稅，理應由中央政府來進行徵收，在中國稅制體制下就是由國家稅務局來進行徵收。而營業稅取消後，地方稅務機關將失去其管理的最大稅種，其存在的意義將大大打折扣。地方稅務局是否還有存在的必要？這也是我們不得不考慮的問題。

6.1.2 擴圍行業選擇

針對增值稅擴圍改革，理論界一直存在兩種聲音，一種是「一步到位」式改革，即將所有行業一併納入增值稅徵收範圍；另一種聲音是「分步走」，即先試點、後推廣，先將部分行業納入增值稅徵收範圍，而將不易徵收的行業後納入。這兩種改革聲音都有其合理性。對於「一步到位」改革來說，營業稅、增值稅兩稅並存導致重複徵稅，對企業行為也產生扭曲行為，因此從增值稅中性原則出發，應將所有應稅業務納入增值稅徵收範圍。但是如此會對中國稅務機關提出很高的徵管要求，對地方財政收入也會造成很大的波動。另外，有些行業已經達成納入的共識，也存在納入的現實條件，如交通運輸業和建築業，但是如法國著名增值稅專家艾倫·泰特指出的一樣，存在增值稅難以徵收的一些行業，如金融保險業。金融保險業存在增值

額如何確定的問題。這在世界範圍內也是一個比較難以解決的問題。如果實施「一步走」是否存在較大困難而導致改革改變？而對於「分步走」改革來說，符合中國稅制改革一貫遵循的先試點後展開的改革步伐，將改革的負面影響壓縮在最低限度內。但是其對於循序漸進的改革，仍會存在增值稅鏈條不完整的弊端。重複徵稅現象也不能避免。循序漸進將持續多久、依據什麼原則、哪些行業先納入、哪些行業後納入、是否難以納入的行業就不納入等問題都將困擾增值稅改革。

6.1.3 稅率確定

企業稅負大小主要受稅基和稅率影響。目前中國營業稅主要有3%、5%等稅率；增值稅主要有17%基本稅率、13%低檔稅率以及零稅率。在增值稅擴圍改革中稅率的設計無疑是關鍵的環節。關於稅率的設計關係到兩個問題。首先是企業稅負與國家財政收入的關係。增值稅擴圍從整體來講是適應結構性減稅的要求，從而降低企業稅收負擔，促進企業特別是現代服務業的發展，調整產業結構，轉變經濟發展方式。但增值稅擴圍後如何有效地保證國家財政收入與企業稅收的負擔的關係需要綜合設計，要保證增值稅改革後的稅率設計既不影響國家財政收入又不增加企業稅收負擔。其次，按照增值稅原理，如要保證增值稅中性效果的發揮必須保證兩點。一是增值稅要覆蓋所有行業，即將所有應稅產品與服務納入增值稅徵收範圍保證全覆蓋，也只有如此才能使得增值稅鏈條不出現斷裂。二是所有納入行業必須適用同一稅率，只有如此才能保證各個行業稅負一致，不產生重複納稅現象。從簡化稅制要求出發也要求盡可能地保持單一稅率，使稅率檔次盡可能少。但是目前中國營業稅實行多種稅率，其主要原因是體現政府對不同行業的政策扶持和引導。另外增值稅擴圍改革後不同行業的稅負將會出現有升

有降以及升降程度不一的情況。如果實行單一稅率將如何體現政府對不同行業的政策導向作用，如何保證各行業的稅負保持平穩，將是增值稅擴圍改革中不得不慎重考慮的問題。

6.1.4 其他

（1）關於納稅義務人身分的認定。按照目前中國增值稅法規定，中國增值稅實行身分認定制度，即針對商業企業和工業企業按照增值稅應納稅人企業規模大小及財務制度健全程度，劃分為一般納稅人與小規模納稅人。一般納稅人按照增值稅銷項稅額扣減進項稅額的徵收辦法對應納稅進行徵收，且一般納稅人必須開具增值稅專用發票，納入全國統一的稅控管理之中，防止利用增值稅專用發票進行偷逃稅等不法活動。而小規模納稅人則開具普通發票，不得開具專用發票，按照簡易徵收辦法，即按照3%的徵收率進行徵收。小規模納稅人雖名為增值稅納稅人，但由於不得開具專用發票，也不得進行抵扣，因此從實質上看與繳納營業稅無本質區別。作為大量存在的服務業，其會計制度建設以及規模很難達到現行一般納稅人的規定，就算納入增值稅徵收範圍也只能按照小規模納稅人進行徵收，仍不能使用增值稅專用發票抵扣制度，其實質與營業稅無異。其增值稅改革是不是就失去了意義？

（2）關於稅收優惠措施。稅收優惠是為了滿足國家在特定時期政治、經濟以及社會發展總目標的需要，利用稅收制度，按照預定目標，在稅收徵收方面採取相應的激勵和優惠措施，以減輕某些納稅人或某些行業應履行的納稅義務，或者對某些營業活動以及應稅納稅人進行補貼或者免稅、退稅等活動，使得應納稅人少繳或者不繳納稅收，是國家干預經濟的重要手段之一。中國目前對營業稅實行了51項稅收優惠措施，首先對亟須發展以及需要扶持的產業、行業給予稅收鼓勵與扶持，從而

促進經濟結構、產業結構、產品結構的調整和升級；其次通過採取有關出口的稅收優惠政策，提高中國出口產品的國際競爭力，對中國對外貿易的發展起到了積極的推動作用；最後，通過對西部地區實施稅收優惠政策，促進區域經濟協調發展，使其在優化區域協調發展以及產業結構優化升級方面起到了重要作用。如果實施增值稅擴圍後，按照增值稅中性要求，要盡可能地避免對相關要素的干預，保證增值稅鏈條的完整性，從而增值稅中性才能得到真正發揮。而過多的稅收優惠措施其實是對增值稅鏈條的破壞，使得增值稅鏈條不能很好地連接起來。因此從調節行業發展以及產業結構優化升級和保持增值稅鏈條完整性出發，是否採取優惠措施存在著矛盾。如果取消優惠措施則勢必對中國相關行業發展、經濟結構調整起不到應有的作用，不能很好地體現國家鼓勵某些行業發展的意志。而如果不取消稅收優惠措施則是對增值稅鏈條的破壞。因此稅收優惠措施的採取與否是增值稅擴圍面臨的難題之一。

6.2 增值稅擴圍改革應遵循的原則

6.2.1 兼顧地方財政收入穩定性增長

營業稅是中國地方最大的稅收收入來源。根據現有增值稅分享比例，增值稅收入的25%由地方支配。增值稅擴圍改革後勢必影響地方財政收入。增值稅擴圍改革將與地方的支持和配合度密切相關。如果增值稅擴圍改革造成地方財政收入大大縮減勢必影響地方支持改革的積極性，從而影響擴圍改革效果，進而惡化地方投資環境，不利於更多的企業進行投資，也會大大縮減中西部地區承接東部地區產業轉移戰略的實現，影響中

國特別是中西部地區的經濟發展，更加不利於縮小東西部地區經濟發展不平衡。因此，在擴圍改革中一方面要設定合理的稅率避免造成稅收收入的大量減少；另一方面必須合理地彌補地方財政因收入減少帶來的損失，可以通過提高地方分成比例或者開徵更適宜地方徵收的稅種如房產稅等稅種，來提高地方支持擴圍改革的支持度和積極性，保證稅改的順利實現。

6.2.2 符合結構性減稅與產業結構調整要求

與增加財政收入相對應的就是不增重企業負擔，符合國家結構性減稅要求。結構性減稅是政府為促進符合結構性優化的行業發展而出抬的一系列稅收等措施。因此增值稅擴圍改革應遵循結構性減稅的要求，在稅改前做好稅負預測，切實不能使符合結構性調整的行業稅負增重，不能夠造成企業整體稅負的增重。而做到這一點需要在稅改之前對行業可能產生的稅負變化進行估算。增值稅擴圍改革如果按照統一稅率來執行則很容易造成某些行業稅負比稅改前減輕，而部分行業則會出現稅負較稅改前變重的現象。因此，在保證整體稅負不增加的情況下，需要採取必要措施（如對稅負增重的企業進行財政補貼等措施）緩解稅改對企業稅負造成的短暫影響，消除稅改給企業帶來的不利影響。支持現代服務業發展是中國調整產業結構的重要舉措。增值稅擴圍改革的其中一個目標就是將大部分現代服務業納入增值稅徵收範圍，使得服務業的稅負得以降低，創造有利於現代服務業發展的稅收環境。因此在增值稅擴圍改革過程中應側重實施有利於現代服務業發展的稅收政策，降低服務業稅負，使增值稅擴圍後能夠真正地促進產業結構的優化升級。

6.2.3 與整體稅制完善相結合

增值稅擴圍改革的必要性有很多，包括對服務業徵收營業

稅加重了服務業的稅收負擔，不利於現代服務業的發展。擴圍則是促進產業結構優化升級、適應結構性減稅的需要，目的是切實降低企業稅負。但增值稅擴圍改革的本質原因應是營業稅與增值稅並存對增值稅制度的完整性造成了破壞，使得增值稅這一良稅的優勢發揮打了折扣。因此此次增值稅擴圍應主要立足於增值稅制度本身的完善以及與中國整個稅制結構的完善，而不能本末倒置。增值稅擴圍本身就是發揮增值稅中性的前提條件之一。擴圍改革中具體措施也應從完善稅制這一點出發。現代型增值稅是現行國際上最為健全的增值稅運行模式，其國家以新西立、澳大利亞為代表。現代型增值稅的主要特點有以下幾點：

（1）把增值稅實施範圍擴展到商品經濟全領域，無論農業、製造業、商業、服務業或勞務提供都統一徵收增值稅，從而避免了傳統間接稅在商品領域多環節分徵造成的稅制複雜局面。

（2）建立了一個連貫嚴密完整的增值稅抵扣制度，有效保障了增值稅特有的運行機制，在運行中沒有出現人為的阻斷和分割鏈條現象。

（3）實行單一的稅率結構。增值稅設置單一稅率使得在增值稅鏈條中的所有環節都按照統一稅率進行計徵和抵扣，從而保證在鏈條運轉中各個環節的抵扣一致、稅負一致，完整地保證了增值稅的中性，也徹底解決了因增值稅區分不同的稅率所帶來的複雜性。

（4）建立了納稅人與負稅人相分離的徵納關係。即增值稅的納稅人只是暫行代繳。增值稅的稅負可以通過流轉到達下一環節一直到最終消費環節，最終增值稅的稅負由消費者承擔。這消除了傳統間接稅因稅負高低而引發的徵納雙方矛盾。

（5）對進口產品全額徵稅，對出口商品實行零稅率。現代型增值稅把增值稅與關稅嚴格區分開來，無論對於進口或者出

口都體現中性原則。即對進口產品實行與國內商品一致的納稅原則，做到既不歧視進口商品，也不衝擊國內商品。對出口商品按照消費地徵稅原則，該產品的徵稅權在消費國，所以在出口時對出口商品在國內環節所有已徵稅收予以返還，保證產品以零稅率的價格進入國際市場。因此針對現代型增值稅的特點，中國此次增值稅擴圍改革應本著範圍盡可能廣、稅率盡可能統一、稅收減免盡可能少、出口環節真實做到零稅率的現代型增值稅要求進行改革，爭取向現代型增值稅靠近，保證增值稅制的完整和優勢的充分發揮。

6.3 關於增值稅擴圍改革的建議

6.3.1 關於財政管理體制

分稅制財政管理體制下增值稅大部分收入歸中央，營業稅收入歸地方。增值稅擴圍改革的最大影響之處在於增值稅收入增加，即歸屬中央的財政收入增加，歸屬地方的財政收入減少。營業稅是中國地方政府的主要稅收來源。中國統計年鑒表明，自2006年以來，營業稅占地方稅收收入的比重都在30%以上，並呈現逐年上升的趨勢，增值稅、個人所得稅、企業所得稅占稅收收入的比重一直呈下降趨勢。由此可見營業稅改徵增值稅後，對地方財政收入將造成一定程度上的影響。因此增值稅擴圍改革必須想辦法彌補地方財政收入的缺口，才能夠保證擴圍改革順利進行。

關於擴圍後原有營業稅收入改徵增值稅後的收入歸屬問題，整體來講存在三種解決方案。第一種，按照現有體制，增值稅仍然屬於中央與地方共享稅。第二種，增值稅直接歸屬中央，

然後中央以轉移支付的形式對地方予以劃撥。第三種,增值稅歸屬地方。對於這三種情況,本書認為第一種最為合理和可行。首先,如果這部分稅收收入全部劃歸中央,那麼會導致地方政府的排斥,從而導致國家稅收收入的減少,也對地方的財政造成較大的影響。而實行轉移支付,則考慮到無論轉移支付制度制定的困難程度還是在轉移支付過程中容易滋生徇私舞弊的土壤,其都是不可取的。而增值稅全部歸屬地方,一方面容易造成各地方之間對稅源爭奪從而產生各種問題;另一方面,增值稅由地方徵收,則地方稅務機關就必然存在,而地方稅務機關缺乏徵收增值稅的經驗,且增值稅又是犯罪高發的稅種。這對於增加稅務機關的徵收成本及徵收效率都會產生不利影響,也極易導致國家稅收收入的流失。因此,本書建議營業稅改徵增值稅後稅收收入仍屬於中央與地方共享。

關於地方財政缺口的安排問題。在不改變現有中央與地方財政管理權的前提下,對於因增值稅擴圍對地方財政收入帶來的缺口安排問題也同樣存在以下三種可選方案。其一,在增值稅仍然作為中央與地方共享稅的前提下,提高地方政府的分成比例;其二,重新對中央與地方的財權事權進行劃分,在地方政府財權減少的情況下,減少地方政府的財政支出責任,使財權與事權匹配,以與改革後的財力相匹配;其三,通過開徵新的稅種,彌補地方財政收入的缺口。對於第二種方案,目前中國地方政府的財權與事權的確也存在一定問題。但是因增值稅的擴圍重新劃分中央與地方的事權,存在不合理之處。根據收益範圍不同,公共產品劃分為全國性公共產品和地方公共產品。地方政府的主要職責之一在於提供地方公共產品。如果縮小地方政府事權,由中央來進行,且不說各地方情況千差萬別,中央政府不能夠有效地發揮更好的作用,僅對於地方公共產品的提供,中央政府由於掌握實際情況較少,也沒有地方政府更具

有效率性，因此本書認為此方案並不可行。對於第三種方案，本書認為其操作性和合理性較差。首先在保持目前稅制不變的情況下，增加新的稅種會增加納稅人的稅收負擔，對企業來講不利於實施結構性減稅政策；對於居民來說，目前中國的國民收入分配已經向政府與企業傾斜，居民收入分配份額在整個收入分配比例中持續走低。開徵新地方稅不利於中國擴大內需，與中國調節收入分配格局的趨勢是相悖的。其次，在短期內地方政府要找到合理的稅種也存在困難。雖然目前重慶、上海已經開始試點房產稅，也有更多的地方加入試點的過程中來，但還缺乏成熟的、可供推廣的模式，寄希望於房產稅來代替營業稅也存在諸多不現實的原因。而對於社會保障稅來說，目前還只是處於理論的討論階段，尚未形成廣泛的共識，因此在短期內開徵社會保障稅也具有較大的困難。因此本書建議對於地方政府財政缺口的彌補在於提高地方政府在共享稅中的分成比例。一方面該方案極具操作性，另一方面不會因改革複雜的稅制而產生更多的問題，對於提高地方政府的財政收入也具有保障，使增值稅擴圍過程也可以得到地方政府的支持。

　　對於稅收徵收機關的確定。按照中國分稅財政管理體制，中國的稅務機關目前劃分為地方稅務機關與國家稅務機關。國家稅務機關主要徵收增值稅等稅種，地方稅務機關主要徵收營業稅等稅種。兩套稅務機關的存在是出於在分稅制的體制下便於徵收和管理的目的。但是兩套稅務機關的存在長期以來也產生了很多問題，如稅收徵收責任劃分不明確、稅源之爭、徵收機關交叉導致稅收徵繳漏洞等。增值稅擴圍改革後，營業稅的徵收範圍大大縮減或者不復存在，地方稅務機關的職責也越來越小。因此本書建議可以適時取消地方稅務機關，使之與國稅合併為一套稅務徵收機關，將現有地方稅務人員分流到財政、國稅等部門，從而提高中國稅務機關的徵管效率。

6.3.2　關於擴圍順序

從增值稅制度特徵和國際先進經驗來看，增值稅擴圍改革應逐步覆蓋所有勞務與貨物。但中國增值稅擴圍改革涉及行業眾多，影響範圍大。同時結合中國實際國情，中國不具備將所有行業一次性全部納入增值稅徵收範圍的條件。因此中國增值稅擴圍改革應同樣遵循循序漸進、分步試點、逐步推進。對於行業的選擇，全部納入一方面不符合實際情況，在改革操作中會帶來較大問題，另一方面也極易導致稅改力度過大造成對稅制結構以及經濟體制較大程度的衝擊。因此應根據中國實際國情選擇納入增值稅徵收範圍的不同行業分步推進。上文針對不同行業納入增值稅範圍後對企業稅負以及財政收入的模擬測算結果表明，存在一些行業在增值稅擴圍後會增加財政收入。為盡量減少增值稅擴圍改革對國家財政收入造成過多負擔，應對擴圍行業進行恰當選擇，保證增值稅擴圍改革的順利進行。

對於擴圍行業的選擇，應參考行業稅負變化情況，選擇稅負下降且國家鼓勵發展的行業作為擴圍的首選行業，加快產業結構調整和經濟發展方式轉變。這也有利於提高擴圍行業納稅人繳稅的積極性，促進稅收遵從。同時根據模擬結果可以看出，部分擴圍行業對地方財政收入具有促進作用，因此此部分行業也需首先納入增值稅徵收範圍，從而有利於避免增值稅擴圍改革對國家財政收入造成猛烈的影響。具體來講，本書認為應該分如下三個階段進行：

第一階段建議將建築業、交通運輸業、融資租賃業、郵電通信業納入增值稅徵收範圍。原因有二，其一，該類行業與銷售貨物緊密相關，可以有效彌合增值稅鏈條的斷裂，使得增值稅的中性特性得以發揮，以減少對重複徵稅和相關行業稅負的影響。其二，通過測算，道路運輸業、城市公共交通業、軟件

業、倉儲業、裝卸搬運和其他運輸服務業的財政收入增減額為正，說明這些行業擴圍改革後，對財政收入具有正向的影響，會增加財政收入。因此首先將該類行業納入增值稅徵收範圍，可以在一定程度上緩解增值稅擴圍改革對國家財政造成的壓力。

第二階段建議選擇合適的時間，將廣告、旅遊業、銷售不動產、轉讓無形資產等服務業納入增值稅徵收範圍。一方面這些行業與生產經營活動有一定程度的關係，因此應早納入增值稅範圍；另一方面，這些行業數量巨大，企業規模參差不齊，對其的稅收徵管存在一定難度，且在很大程度上會影響各級財政收入，因此應在這些行業擴圍改革條件成熟後予以推行擴圍改革。

第三階段建議將增值稅徵收範圍擴展到農產品以及銀行業。按照著名增值稅專家艾倫·泰特的理論，在增值稅徵收範圍上，總存在一些難以徵收的行業，其中最明顯的就是農產品和銀行業。在中國當前情況下，農民負擔較重，農業生產力水平不高，因此不能在當前情況下對農產品徵收增值稅。同時銀行業雖然存在信息化程度較高、財務比較健全等納入增值稅徵收範圍的有利條件，但是銀行業增值額存在難以計算等困難，因此只有在中國增值稅制度成熟之後予以納入。

6.3.3 關於稅率設計

當營業稅改徵增值稅後，原繳納增值稅的企業會因為增值稅稅率的設計發生稅負變化。如果採用目前17%的增值稅稅率，概括起來主要有以下三種變化趨勢：某些行業稅負會變重，如前文測算的交通運輸業、建築業、文化體育業；某些行業稅負會變輕，如娛樂業、保險業以及轉讓固定資產及無形資產；對於工業企業來說，由於增值稅鏈條更加完整，可以進行更多抵扣，其稅負會變輕。

從企業稅負角度來講。要保證各行業稅收負擔的公平性，必須選擇合適的增值稅稅率結構。針對稅率的設計也存在以下三種設想。其一，保持各行業現有稅負不變，那麼則需要實行多檔稅率。其二，提高各行業現有稅負，保持現有增值稅稅率設計。其三，降低各行業稅負，降低現有增值稅稅率。方案一，容易平衡各方利益關係，是各方比較易於接受的方案，缺點是使增值稅稅制複雜化，增加了稅收機關的徵收成本以及繳納方的納稅成本。方案二，易於保持稅制的連貫性，提高稅務機關的徵收效率，降低徵收成本，但相應地增加了行業負擔，會引起企業的利潤降低和投資熱情的降低，特別是對於促進第三產業發展具有不利影響。方案三，是一種帕累托改進式的稅率安排，會受到各方歡迎。特別是對於企業方來講，方案三有利於獲得企業的支持，也有利於中國第三產業的發展，促進產業結構優化升級，也不會增加稅收徵管機關的徵收成本，但是對財政收入帶來了一定壓力。

從增值稅中性來講。按照增值稅中性原理，增值稅應設置單一稅率，如澳大利亞和新西蘭均設置單一稅率。同時，稅率的高低也決定著納稅人的稅收負擔及稅收遵從率，正如法國增值稅專家泰特指出的「稅率越高納稅人逃稅的動機越大」。因此中國增值稅的改革應盡量按照現代型增值稅的要求和「寬稅基、低稅率、簡稅制、嚴徵管」的原則盡量保持稅率的統一，同時按照在平衡結構性減稅和保持財政收入之間保持平衡的原則來進行合理稅率的設定。在中國現行條件下，如果採取一檔稅率，則很難發揮稅收對不同行業的調節作用，則在此之外必定還要增加更多的稅收優惠或者減免稅政策，從而進一步使稅制複雜化，干擾增值稅中性運行效果。另外，擴圍必將導致有些行業稅負加重有些行業稅負減輕，可見統一稅率也不符合結構性減稅要求。

綜上，按照增值稅中性要求、促進中國產業結構優化以及考慮企業稅負的需要，本書建議在保證企業稅負稍微降低或不增重的情況下，合理設置稅率。可以在17%的基本稅率下再設置一檔低檔稅率，對於稅率層級可以適當設置兩檔或三檔稅率，從而保證不加重行業稅負和對產業結構進行調整優化。當稅收體制運行一段時間，保證國家財政收入之後，可以考慮降低稅率，取消多檔稅率，從而保證增值稅稅制的完善。

6.3.4 其他

1. 關於納稅義務人身分認定

正如前文分析所述，中國目前存在一般納稅人與小規模納稅人，並針對工業企業和商業企業採用不同的劃分標準。小規模納稅人和一般納稅人相比，最大的弊端在於不能取得增值稅專用發票，不能實施進項稅額抵扣，只能按照3%的徵收率進行徵收。小規模納稅人的存在不僅增加了小規模納稅人稅收負擔，也使一般納稅人從小規模納稅人處得不到增值稅專用發票，從而進一步阻礙了小規模納稅人規模的擴大，更是對增值稅稅制完整性的破壞。增值稅擴圍的重要目的之一是促進中國服務業發展，促進產業結構優化升級。而中國服務業由於發展時間較短，一般還存在規模較小、財務制度不健全等缺陷。因此按照現行增值稅納稅人身分認定標準劃分，有眾多的服務業被歸屬為小規模納稅人，而只能按照徵收率進行簡易徵收。簡易徵收從本質上來說和營業稅並無本質區別，因此增值稅擴圍效果並不能起到應有作用。按照現代型增值稅要求，新西蘭和澳大利亞都對小規模納稅人施行了免稅政策，即對某一應納稅額之下的增值稅應納稅人實施不徵稅政策，以減少對增值稅稅制的破壞。因此按照減輕服務業稅收負擔、加快產業結構優化升級以及完善稅制的原則，建議在此次增值稅擴圍改革中取消一般納

税人與小規模納稅人的身分認定，所有納入增值稅徵收範圍的應納稅人一律作為一般納稅人；但同時可以繼續實施起徵點（或者改革為免徵額制度）制度，對於銷售額低於起徵點（免徵額）的部分不徵稅（或者可以進行抵扣）。這對於營業額過低的應納稅人沒有增加繳稅成本，對於徵稅機關也避免了徵繳成本的增加，降低了稅控發票的管理難度，對國家財政收入也不會造成過多損失，也減輕了小規模企業的稅收負擔，有利於支持小微企業的發展。而對於達到起徵點（或者免徵額）的企業，要按照要求健全財務制度，採用稅控發票制度。對於改革初期面臨的建立財務制度困難，可以鼓勵仲介行業（如會計師事務所、稅收事務所）積極開展仲介服務，幫助企業建立健全財務制度。這一問題的解決相比小規模納稅人的存在對增值稅稅制的破壞而言要簡單得多，操作起來也容易得多。

2. 關於稅收優惠措施

一方面稅收減免等優惠政策是國家進行宏觀調控的手段；另一方面，對個別行業的稅收減免又是對增值稅鏈條的破壞，會對稅收中性造成影響。而稅制改革最主要是保證完整性與公平性，不能以犧牲稅制的完整來換取個別行業的發展。因此在增值稅擴圍改革過程中應注重對增值稅稅制的整體完善，建議盡可能縮小稅收減免的範圍，甚至在中國增值稅發展到一定程度可以考慮完全取消稅收減免政策。增值稅作為流轉稅不能過分依賴於增值稅的調節作用。同時可以進一步完善起徵點制度來補充增值稅稅收優惠措施減少而導致調節功能弱化這一現象。一方面可以提高起徵點。由於中國服務業現階段規模較小，因此提高起徵點可以使服務業被排除在增值稅徵收範圍之內，等同於對服務業實行零稅率政策，可以起到與稅收減免同等的效果。另一方面本書則更傾向於建議將起徵點制度改革為免徵額制度。起徵點制度是對達不到起徵點制度規定的數額不徵稅，

對達到起徵點的要全額徵稅，對於營業額達到起徵點附近的企業來說存在稅收不公平現象。免徵額制度則是無論營業額多少都可以對免徵額部分予以扣減。起徵點制度也不能很好地體現國家減稅政策，只能減輕稅務機關的徵收負擔，提高徵收效率。而免徵額制度則能更好地體現減稅效應，降低企業稅收負擔，進一步促進產業結構優化升級。

結　論

　　本書梳理了中國 30 多年來施行增值稅及其轉型等一系列有關改革情況，結合增值稅先行國家的實踐和中國營業稅與增值稅實際運行，特別是兩稅並存所產生的問題，揭示了增值稅擴圍改革的必要性。然後在上海增值稅擴圍方案的基礎上，運用投入產出表對上海方案推廣到全國後將會對企業稅負、財政收入的影響進行了實證分析，並利用變截距固定效應面板數據模型對增值稅擴圍改革對經濟增長的影響進行實證分析。本書得出以下結論：

　　（1）營業稅的制度性弊端和增值稅的制度性優勢將引致增值稅取代營業稅。而中國營業稅和增值稅並行，不僅產生了營業稅和增值稅的碰撞，還由此引發一系列經濟問題。這表明增值稅擴圍改革、增值稅逐步取代營業稅具有客觀必要性。

　　（2）上海改革方案推廣到全國後對工業和服務業稅負的影響為：增值稅擴圍改革後，工業稅負降幅為 1%~2%，服務行業稅負有增有減，總體稅負明顯下降，但波動幅度大於工業行業，表明增值稅擴圍改革具有明顯的結構性減稅效應。

　　（3）上海改革方案推廣到全國後對財政收入的影響測算表明：部分擴圍行業對財政收入具有促進作用，部分擴圍行業對財政收入具有抑制作用，總的財政收入將縮減，其中以地方財政收入縮減幅度較大，因此，需要配套財政體制改革。

（4）本書利用中國 2011 年的省級稅收數據和省級經濟指標為研究變量，通過迴歸分析得出增值稅擴圍後對經濟的影響程度從擴圍前的 16.51% 增加至擴圍後的 44.11%，表明增值稅擴圍改革具有的經濟優勢極其明顯。

受客觀條件和自身知識結構的局限，尤其是中國的增值稅擴圍改革還沒有完全付諸實施，本書的研究結論有待實踐檢驗。中國這次增值稅擴圍改革還沒有實現增值稅「一稅貫通」，今後就依次展開第二步甚至第三步擴圍改革，直至最終目標的實現。因此，增值稅及其改革及實踐中產生的新問題將不斷引起中國稅收界的關注，成為今後稅收研究的熱點。

參考文獻

[1] ACS Z J, AUDRETSCH D, FELDMAN M. Real Effects of Academic Research: Comment [J]. American Economic Review, 1992 (82).

[2] ACS Z J, AUDRETSCH D B. Innovation in Large and Small Firms: An Empirical Analysis [J]. American Economic Review, 1988, 78 (4).

[3] ADAMS J D. Science, R&D, and Invention Potential Recharge: US Evidence [J]. American Economic Review, 1993 (83).

[4] ALAN SCHENK, OLIVER. Value Added Tax: a Comparative Approach [M]. Cambirdge: Cambridge University Press, 2006.

[5] ALCHIAN, DEMSTEZ H. Production, Information Costs, and Economic Organization [J]. American Economic Review, 1972 (62).

[6] BALLARD, CHARLES L, JOHN KARL SCHOLZ, and et al. The Value Added Tax: a General Equilibrium Look at Its Efficiency and Incidence [M]. Chicago: University of Chicago Press, 1987.

[7] BESLEY, HARVEY ROSEN. Sales Tax and prices: an Empirical Analysis [J]. National Tar Journal, 1999, 52 (2).

[8] BIRD, GENDRON. VAT Revisited: A New Look at the

Value Added Tax in Developing and Transitional Countres [R]. US-AID, 2005.

[9] CARMICHAEL J. The Effects of Mission-Oriented Public R&D Spending on Private industry [J]. Journal of Finance, 1981 (36).

[10] COHEN, LEVINTHAL D. Innovation and Learning: The Two Faces of R&D [J]. The Economic Journal, 1989 (99).

[11] COMANOR W, SCHERER F M. Patent Statistics as a Measure of Technical Change [J]. Journal of Political Economy, 1969, 77 (3).

[12] CREEDY J. Measuring Welfare Changes and Tax Burdens. Edward Elgar [M]. Publishing Limited, 1998.

[13] CREEDY, JOHN. Measuring Welfare Changes and Tax Burdens [M]. Edward Elgar: Publishing Limited, 1998.

[14] DAVID B J. Universities and the Growth of Science in Germany and the United States [J]. Minerva, 1968 (7).

[15] DUE, JOHN F. Trends in State Sales Tax Audit Selection Since 1960 [J]. National Tax Journal, 1985 (6).

[16] EDELI, SILVIA, FORTE. Francesco Joint Income—tax and VAT—Chain Evasion [J]. European Journal of Political Economy, 1999 (2).

[17] FEDELI, SILVIA, FORTE. Francesco Jointin Come—Tax and VAT—Chain evasion [J]. European Journalof Politicla Economy, 1999 (2).

[18] FURMAN, JEFFREY L, PORTER, et al. The Determinants of National Innovative Capacity [J]. Research Policy, 2002, 31 (6).

[19] FREEMAN C. Japan: A New National Innovation System?

[C]. in G. Dosi, C. Freeman, R. R. Nelson, G. Silverberg and L. Soete (eds.) Technology and Economy Theory, London: Pinter. 1988.

[20] FUSTER, IMROHOROGLU, IMROHOROGLU S. Altruism, Incomplete Markets, and Tax Reform [J]. Journal of Monetary Economics, 2008 (55).

[21] GREENWOOD, JOVONOVIC. Financial Development, Growth, and the Distribution of Income [J]. The Journal of Political Economy, 1990, 98 (5).

[22] GRILICHES Z. R&D and Productivity [M]. Chicago: University of Chicago Press, 1998.

[23] HALL, GRILICHIES Z, HAUSMAN J A. Patents and R&D: Is There a Lag? [J]. International Economic Review, 1986, 27 (2).

[24] HARRYSON. Japanese Technology and Innovation Management [M]. Edward Elgar Publishing Limited, 1998.

[25] HAYEK. Economics and Knowledge [J]. Economica, 1937 (4).

[26] HU, ALBERT G Z. Ownership, Government R&D, Private R&D, and Productivity in Chinese Industry [J]. Journal of Comparative Economics, 2001, 29 (1).

[27] JOHNKAY, MERVYNKING. The British Tax System [J]. Jour—Economic Literature, 1979 (9).

[28] KAPLANOGLOU G. A Microsimulation Analysis of the distribution of the Indirect Tax Burden among Greek Households, in L. Mitton, H. Sutherland and M. Weeks (eds.), Microsimulation Modelling for Policy Analysis: Challenges and Innovations [M]. Cambridge: Cambridge University Press, 2000.

[29] KAY, MERVYN KING. The British Tax System [J]. Jourhal of Economic Literature, 1979 (9).

[30] KING R G, LEVINE R. Finance and Growth: Schumpeter Might Be Right [J]. Quarterly Journal of Economics, 1993 (108).

[31] LEVINE R. Financial Development and Economic Growth: Views and Agenda [J]. Journal of Economic Literature, 1997 (5).

[32] LIAM EBRILL, MICHAEL KEEN, JEAN-PAUL BODIN, et al. The modern VAT [J]. International Monetary Fund, 2001.

[33] MICHAEL KEEN, JACK MINTZ. The Optimal Theshold for a Value-Added Tax [J]. Journal of Public Economics, 2004 (88).

[34] NELSON R. Institutions Supporting Technical Advance in Industry [J]. American Economic Review, 1986 (76).

[35] OECD. Taxing Powers of Stateandloeal government [J]. OECDTax Polley Studies, 1999

[36] RAMSEY. A Contribution to the Theory of Taxation [J]. Economic Journal, 1927 (37).

[37] RICHARD M BIRD, PIERRE- PASCAL GENDRON. The VAT in Developing and Transitional Countries [M]. New York: Cambridge University Press, 2007.

[38] ROSENBERG. Why do Firms Do Basic Research (with Their Own Money)? [J]. Research Policy, 1990 (19).

[39] SCHERER F M. Corporate Inventive Output, Profits, and Growth [J]. The Journal of Political Economy, 1965 (a).

[40] SELIGMAN E R A. Essays in Taxation [M]. New York: Macmillan, 1895.

[41] SIJBREN CNOSSEN. VAT Treatment of Immorable Prop-

erty [J]. Tax Note International, 1995 (10).

[42] TERESA TER-MINASSIAN. Inter-Governmental Fiscal Relations in a Macroeconomic Perspective: An Overview [M]. Washing-ton: International Monetary Fund, 1997.

[43] THOMAS S ADAMS. Fundamental Problems of Federal Income Taxation [J]. The Quarterly Journal of Economics, 1921 (3).

[44] THOMAS SEWALL ADAMS, NATIONAL TAX ASSOCIATION. The Taxation of Business [J]. Atlanta: the National Tax Association, 1917 (15).

[45] WIGGINS, STEVEN N. Product Quality Regulation and New Drug Introductions: Some New Evidence from the 1970s [J]. Review of Economics and Statistics, 1981, 63 (4).

[46] WOMACK, J JONES, ROOS D. The Machine That Change the World [M]. New York: Macmillan Publishing Company, 1990.

[47] YANG X, BORLAND J. A Microeconomic Mechanism for Economic Growth [J]. Journal of political Economy, 1991 (99).

[48] YOUNGER, SAHN S HAGGBLADE, et al. Tax Incidence in Madagascar: an Analysis Using Household Data [J]. World Bank Economic Review, 1999 (13).

[49] 安徽財經大學課題組. 私人部門稅收負擔與經濟增長 [J]. 公共經濟評論, 2008 (10).

[50] 蔡昌. 對增值稅擴圍問題的探討 [J]. 稅務研究, 2010 (5).

[51] 蔡昌. 增值稅擴圍改革的路徑選擇 [J]. 中國財政, 2011 (2).

[52] 蔡昌. 增值稅轉型後的稅負變化及其影響 [J]. 稅務

研究，2009（5）.

[53] 陳共. 財政學 [M]. 成都：四川人民出版社，1994.

[54] 陳必福. 完善中國地方稅體系研究 [J]. 發展研究，2009（12）.

[55] 陳炳瑞，任學群. 論增值稅的效率原則 [J]. 財貿經濟，1995（7）.

[56] 鄧子基，習甜. 對中國金融服務業改徵增值稅的探討 [J]. 涉外稅務，2011（4）.

[57] 鄧子基. 稅收支出管理 [M]. 北京：中國經濟出版社，1999.

[58] 樊靜. 中國稅制新論 [M]. 北京：北京大學出版社，2004.

[59] 馮磊，張孟. 增值稅改革中的納稅籌劃探索 [J]. 商業會計. 2011（5）.

[60] 龔廣虎. 建立完整統一的增值稅制勢在必行 [J]. 稅務與經濟，1996（1）.

[61] 龔輝文. 關於增值稅、營業稅合併問題的思考 [J]. 稅務研究，2010（5）.

[62] 郭慶旺. 稅收與經濟發展 [M]. 北京：中國財政經濟出版社，1995.

[63] 國家稅務總局科研所. 外國稅制概覽 [M]. 北京：中國稅務出版社，2009.

[64] 國家稅務總局註冊稅務司管理中心. 稅法 [M]. 北京：中國稅務出版社，2010.

[65] 韓紹初. 改革進程中的增值稅 [M]. 北京：中國稅務出版社，2010.

[66] 杭州市蕭山區地方稅務局課題組. 優化地方稅制結構的設想 [J]. 涉外稅務，2007（10）.

[67] 胡怡建，朱為群. 稅收學教程 [M]. 上海：上海三聯書店，1994.

[68] 胡怡建. 推進服務業增值稅改革 促進經濟結構調整優化 [J]. 稅務研究，2011 (6).

[69] 胡怡建. 中國增值稅擴圍改革面臨八大挑戰 [J]. 涉外稅務，2011 (7).

[70] 胡春. 增值稅擴圍對財政收入的影響——基於上海改革方案和投入產出表的分析 [J]. 財經科學，2013 (1).

[71] 胡春. 增值稅擴圍改革對行業稅負的影響研究——基於上海改革方案和投入產出表的分析 [J]. 河北經貿大學學報，2013 (2).

[72] 胡春，葉子榮. 增值稅「擴圍」對中國經濟增長的實證研究 [J]. 統計與決策，2013 (7).

[73] 賈康，施文潑. 關於擴大增值稅徵收範圍的思考 [J]. 中國財政，2010 (19).

[74] 賈康. 為何中國營業稅要改徵增值稅 [N]. 中國財經報，2011-11-22.

[75] 姜明耀. 增值稅徵收範圍與免稅範圍探討 [J]. 稅務與經濟，2011 (5).

[76] 孔劉柳，謝喬昕. 稅種劃分對地方財政收入穩定效應的實證研究 [J]. 稅務與經濟，2010 (5).

[77] 李嘉圖. 政治經濟學及賦稅原理 [M]. 郭大力，王亞南，譯. 北京：商務印書館，1962.

[78] 李建人. 增值稅的轉型與轉型中的增值稅 [J]. 財經問題研究，2010 (2).

[79] 李秋蟬. 增值稅轉型的效應分析及其意義 [J]. 西南農業大學學報（社會科學版），2009 (4).

[80] 李思泓，幺冬梅. 論中國增值稅範圍的優化 [J]. 行

政論壇, 2002 (5).

[81] 李志遠. 中國稅制結構優化探討 [J]. 稅務研究, 2006 (9).

[82] 劉隆亨. 中國財稅法學 [M]. 北京: 法律出版社, 2004.

[83] 劉明, 程瑩, 歐陽華生. 擴大增值稅徵收範圍的政策性見解 [J]. 現代財經, 2011 (4).

[84] 劉怡, 聶海峰. 間接稅負擔對收入分配的影響分析 [J]. 經濟研究, 2004 (5).

[85] 劉佐, 朱廣俊. 中國金融稅制研究 [J]. 中央財經大學學報, 2004.

[86] 盧仁法. 中國稅收調控 [M]. 北京: 中國稅務出版社, 1996.

[87] 呂煒. 市場化進程與稅制結構變動 [J]. 世界經濟, 2004 (11).

[88] 歐陽坤, 許文. 促進中國服務業發展的稅收政策研究 [J]. 稅務研究, 2009 (4).

[89] 彭高旺, 李里. 中國稅收負擔: 現狀與優化 [J]. 中央財經大學學報, 2006 (2).

[90] 彭浩東, 黃惠平. 關於中國增值稅的問題研究及完善對策 [J]. 審計與經濟研究, 2002 (2).

[91] 平新喬, 張海洋, 梁爽, 等. 增值稅與營業稅的稅負 [J]. 經濟社會體制比較, 2010 (3).

[92] 全國註冊稅務師執業資格考試教材編寫組. 稅法一 [M]. 北京: 中國稅務出版社, 2013.

[93] 任小明. 金融服務業增值稅的三種課徵模式及對中國的啟發 [J]. 涉外稅務, 2010 (9).

[94] 上海財經大學公共政策研究中心. 中國財政發展報告

[M]. 上海：上海財大出版社，2006.

[95] 施文潑，賈康. 增值稅擴圍改革與中央和地方財政體制調整 [J]. 財貿經濟，2010（11）.

[96] 稅收與稅源問題研究課題組. 區域稅收轉移調查 [M]. 北京：中國稅務出版社，2007.

[97] 蘇玲. 增值稅擴圍改革預期問題及其應對 [J]. 會計之友，2011（9）.

[98] 孫冰凌. 中國稅制結構調整的初步研究 [J]. 黑龍江對外經貿，2006（10）.

[99] 孫剛. 增值稅擴圍的方式選擇——基於對行業和體制調整的影響性分析 [J]. 地方財政研究，2011（2）.

[100] 孫玉棟. 稅收競爭、稅收負擔與經濟發展的關係及政策選擇 [J]. 中央財經大學學報，2010（3）.

[101] 唐婧妮. 中國、東盟增值稅比較與改革 [J]. 涉外稅務，2010（3）.

[102] 田秀英. 增值稅轉型後存在的問題及對策建議 [J]. 中國集體經濟，2011（4）.

[103] 汪衝. 增值稅擴圍、單一稅率改進與效率得益 [J]. 稅務與經濟，2011（3）.

[104] 汪德華，楊之剛. 增值稅擴圍—覆蓋服務業的困難與建議 [J]. 稅務研究，2009（12）.

[105] 汪昊. 中國稅收超額負擔變化：原因與對策 [J]. 財貿經濟，2007（5）.

[106] 王斌. 中國稅制結構現狀及改革模式的選擇分析 [J]. 阜陽師範學院學報（社會科學版），2004（5）.

[107] 王朝才，許軍. 從對經濟效率影響的視角談中國增值稅改革方案的選擇 [J]. 財政研究，2012（7）.

[108] 王定娟. 中國稅制結構優化的若干問題探析 [D].

武漢：華中科技大學，2006.

［109］王國清，馬驍，程謙. 財政學［M］. 北京：高等教育出版社，2008.

［110］王國清. 稅收經濟學［M］. 成都：西南財經大學出版社，2006.

［111］王建平，張登炎. 關於建築安裝、交通運輸行業改徵增值稅的調查與思考［J］. 中央財經大學學報，1999（8）.

［112］王金霞. 擴大增值稅徵收範圍的思考［J］. 稅務研究，2009（8）.

［113］王連清. 中國新稅制［M］. 鄭州：河南人民出版社，2004.

［114］王陸進. 發展稅收研究——中國經濟發展中的稅收理論與政策［M］. 北京：中國財政經濟出版社，1998.

［115］王琦. 流轉稅與經濟增長長期關係的協整檢驗［J］. 稅務研究，2006（8）.

［116］王小平，姚稼強. 完善增值稅小規模納稅人的徵稅規定和管理辦法［J］. 稅務研究，2002（10）.

［117］王新麗. 經濟增長與改革中的宏觀稅負與稅制結構［D］. 濟南：山東大學，2002.

［118］魏陸. 服務業發展與中國貨物和勞務稅制改革［J］. 中南財經政法大學學報，2010（4）.

［119］魏陸. 擴大增值稅徵收範圍改革研究［J］. 經濟問題探索，2011（7）.

［120］魏陸. 服務業發展與中國貨物和勞務稅制改革［J］. 中南財經政法大學學報，2010（4）.

［121］魏正武. 對建築安裝、交通運輸行業改徵增值稅的調查［J］. 涉外稅務，1999（9）.

［122］吳彩霞. 中國稅制改革的思考——生產型增值稅向

消費型增值稅轉變［J］.青年學刊，1997（4）.

［123］吳丹.淺談增值稅轉型對企業的影響［J］.現代商業，2010（2）.

［124］吳金光.保險業流轉稅制度的國際比較研究［J］.稅務與經濟，2010（6）.

［125］吳霖，高曉莉.中國商業銀行流轉稅稅制改革探討［J］.經營管理，2011（2）.

［126］肖緒湖，汪應平.關於增值稅擴圍徵收的理性思考［J］.財貿經濟，2011（7）.

［127］辛波.從有效政府的角度看中國對稅收負擔率的合理選擇［J］.管理世界，2005（12）.

［128］熊鷺.對中國稅收與價格動態影響關係的實證分析［J］.稅務研究，2011（6）.

［129］許建國.稅制改革的深層次問題［M］.北京：中國人民大學出版社，2001.

［130］許善達.國家稅收［M］.北京：中國稅務出版社，1999.

［131］鄢杰.從西方增值稅的產生與發展談中國增值稅稅制的進一步完善［J］.四川大學學報（哲學社會科學版），2000（3）.

［132］楊默如.貨物和勞務一體化課稅原理及中國增值稅的改革需求［J］.涉外稅務，2010（9）.

［133］楊默如.中國增值稅徵收範圍改革的難題及其破解［J］.華僑大學學報（哲學社會科學版），2011（3）.

［134］楊全社.增值稅和營業稅的變化趨勢及改革路徑［J］.涉外稅務，2010（6）.

［135］楊志安.完善增值稅轉型改革的對策［J］.稅務研究，2010（9）.

[136] 袁春明. 論中國增值稅徵收範圍的擇定及其對經濟的預期影響 [J]. 稅務與經濟, 2000 (4).

[137] 岳樹民. 中國稅制優化的理論分析 [M]. 北京: 中國人民大學出版社, 2003.

[138] 葉子榮, 郝曉薇. 減稅呼聲中的增值稅改革辨析 [J]. 稅務研究, 2009 (3).

[139] 葉子榮, 辜昭. 進一步完善增值稅的思考 [J]. 財經科學, 1996 (2).

[140] 葉子榮. 增值稅優越性再認識 [J]. 四川財政, 1998 (4).

[141] 葉子榮. 論稅收分配的經濟依據 [J]. 經濟學家, 1998 (5).

[142] 葉子榮, 劉蓉. 規範化: 中國增值稅進一步完善的目標 [J]. 天府新論, 1996 (4).

[143] 張斌. 營業稅全面取消後的影響分析 [J]. 財會研究, 2011 (2).

[144] 張斌. 增值稅擴圍對地方經濟的影響分析及對策研究 [J]. 湖北社會科學, 2011 (6).

[145] 張赫城. 最優稅研究 [D]. 大連: 東北財經大學, 2007.

[146] 張倫俊. 深化稅制改革推進經濟發展方式轉型 [J]. 南京審計學院學報, 2011 (2).

[147] 張培英, 周磊. 深化增值稅改革方案的設計 [J]. 學術交流, 2003 (2).

[148] 張任之. 增值稅轉型的預期效應分析 [D]. 南昌: 江西財經大學, 2009.

[149] 張五常. 論新制度經濟學 [M]. 北京: 商務印書館, 2000.

［150］張陽.中國稅負歸宿一般均衡研究［M］.北京：中國稅務出版社，2000.

［151］趙麗萍.關於增值稅的擴圍改革［J］.財政研究，2010（6）.

［152］中國註冊會計師協會.註冊會計師考試全國統一教材：稅法［M］.北京：中國財政經濟出版社，2011.

致　謝

　　本書由我的博士論文修改而成。「看似平常最奇崛，成如容易卻艱辛」，博士論文即將完成之時，這種感受頓上心頭。對於在職攻讀博士學位的我來說，既要念好財稅理論的「有字經」，又要讀好稅收實踐的「無字書」，其間經歷了太多矛盾、困難和挫折，一路走來，亦苦亦樂，亦酸亦甜！慶幸的是遇到了那些鼓勵我、關心我、支持我、幫助我的師長親友，讓我鼓起勇氣堅持到最後，「大恩不言謝」，我將銘記於心！

　　首先，我要向敬愛的導師葉子榮教授致以最深的、最衷心的感謝。論文從題目的選定、框架的確立、內容的安排到最後的定稿，無不浸透著葉老師的殷殷心血和辛勤汗水。恩師精益求精的治學態度、精深的學術造詣、寬厚仁愛的為人品格，不僅令我在求學生涯中受益匪淺，而且必將深深地影響我日後的工作和生活。恩師對我的指導和影響之大，怎樣言說都表達不盡。這份恩情，學生終生難忘！

　　其次，我要感謝論文指導小組的王建瓊老師和肖作平老師。我的博士論文從開題到中期，從題目到篇章結構、內容鋪排，都得到了他們的耐心和細緻的指導，從而能夠沿著嚴謹、創新的科研道路前行。在論文開題報告時，廖楚暉老師給了我許多寶貴的意見和建議，在此我對廖老師表示深深的感謝！我還要感謝陳光老師、李杰老師、郭紅玲老師、史本山老師、胡培老

師、葉勇老師和王成璋老師，我從他們的課上學到了太多的東西。

再次，我還要感謝我的領導、同事、同學和同門們。緣分讓我們相識，時間讓情誼愈加深厚。正是緣分和情誼，使我在工作、學習中能夠領略到他們豐富的實踐經驗和紮實的理論功底，與他們共事共學。這開闊了我的思路，激發了我的靈感，完善了我的論文，最終使我的學業能夠得以順利完成。在此一併謹致謝忱。

最後，我還要感謝我的家人。為了家庭，我的妻子承受了太多的壓力和困難，付出了太多的心血和汗水。沒有她的全力支持和鼓勵，我是不能順利完成學業的。無論我成功還是失敗，無論我歡樂還是悲傷，我的家人都堅定地支持著我，鼓勵著我。正是這份無私的愛，讓我有責任、有動力不斷前行。

胡春

攻讀博士學位期間公開發表的論文

［1］胡春. 增值稅「擴圍」改革對行業稅負的影響研究——基於上海改革方案和投入產出表的分析［J］. 河北經貿大學學報, 2013（2）.

［2］胡春. 增值稅「擴圍」改革對財政收入的影響研究——基於上海改革方案和投入產出表的分析［J］. 財經科學, 2013（1）.

［3］胡春, 葉子榮. 增值稅「擴圍」對中國經濟增長影響的實證研究［J］. 統計與決策, 2013（7）.

［4］胡春, 葉子榮. 增值稅「擴圍」改革對銀行業稅負影響研究——基於投入產出表和損益表的模擬測算［J］. 地方財政研究, 2013（5）.

［5］CHUN HU. International Comparison and Reference of VAT Preferential Policy［C］. MIITED, 2012.

國家圖書館出版品預行編目(CIP)資料

中國增值稅擴圍改革效應研究 / 胡春 著. -- 第一版.
-- 臺北市：崧博出版：崧燁文化發行, 2018.09
　面；　公分

ISBN 978-957-735-465-5(平裝)

1.租稅改革 2.中國

567.92　　　　107015190

書　名：中國增值稅擴圍改革效應研究
作　者：胡春 著
發行人：黃振庭
出版者：崧博出版事業有限公司
發行者：崧燁文化事業有限公司
E-mail：sonbookservice@gmail.com
粉絲頁　　　　　　網　址
地　址：台北市中正區重慶南路一段六十一號八樓 815 室
8F.-815, No.61, Sec. 1, Chongqing S. Rd., Zhongzheng Dist., Taipei City 100, Taiwan (R.O.C.)
電　話：(02)2370-3310　傳　真：(02) 2370-3210
總經銷：紅螞蟻圖書有限公司
地　址：台北市內湖區舊宗路二段 121 巷 19 號
電　話：02-2795-3656　傳真：02-2795-4100　網址：
印　刷：京峯彩色印刷有限公司（京峰數位）

本書版權為西南財經大學出版社所有授權崧博出版事業有限公司獨家發行電子書繁體字版。若有其他相關權利及授權需求請與本公司聯繫。

定價：300 元
發行日期：2018 年 9 月第一版
◎ 本書以POD印製發行